NOUVEAU
COMMENTAIRE
SUR
LES ORDONNANCES

des mois d'Août 1669, & Mars 1673 :

ENSEMBLE SUR L'EDIT

du mois de Mars 1673 touchant les Epices.

*Par M *** Conseiller au Présidial d'Orléans.*

Nouvelle Edition, corrigée & augmentée.

A PARIS,

Chez DEBURE l'aîné, Quai des Augustins,
à l'Image S. Paul.

M. DCC. LXI.

Avec Approbation & Privilege du Roi.

AVERTISSEMENT.

L'Accueil favorable qui a été fait aux nouveaux Commentaires qu'on a fait imprimer depuis quelques années sur les Ordonnances de 1667 & 1670, fait espérer que celui qu'on donne aujourd'hui sur l'Ordonnance du mois d'Août 1669, & sur celle du Commerce du mois de Mars 1673, sera reçû aussi favorablement du Public. A ces deux Commentaires on a cru devoir en joindre un troisieme sur l'Edit des Epices de l'année 1673, parceque cet Edit renferme les regles que les Juges & autres Officiers de Justice doivent observer dans la taxe de leurs droits; & que par conséquent il fait partie des Ordonnances rendues pour la réformation de la Justice.

On n'a rien négligé pour porter ces nouveaux Commentaires, & sur-tout celui sur l'Ordonnance du Commerce, au point de perfection dont on a été capable, & pour faire en sorte que le tout fût renfermé dans un volume d'une grosseur médiocre. On a consulté pour cela tout ce que nos meilleurs Auteurs, comme Toubeau, Savary, l'Auteur du Traité du Commerce de terre & de mer, & quelques autres, ont écrit sur cette matiere; & l'on espere qu'on trouvera dans ce volume presque tout ce qu'on peut désirer dans un Commentaire de cette espece.

On a suivi pour ces Commentaires la même methode qu'on a observée dans les Commentaires précédents ;

1°. On a expliqué les endroits les plus importants du texte, & l'on y a joint tout ce qui est nécessaire pour en faciliter l'intelligence.

2°. On a mis en peu de mots, quand cela a paru nécessaire, les raisons ou motifs des dispositions de l'Ordonnance, du moins celles qui ne se présentent pas d'abord à l'esprit.

3°. On a joint à cette explication les dispositions des nouveaux Edits, Déclarations & Arrêts qui ont été rendus depuis 1669 & 1673, & qui ont corrigé ou expliqué ces Ordonnances. On a mis ces dispositions en substance sur chacun des articles ou elles ont rapport ; & lorsqu'on n'a pas cru en devoir rapporter les dispositions, on s'est contenté de citer les Réglemens.

4°. On a eu la même attention à l'égard des anciens Réglemens rendus sur cette matiere, qui sont en usage, & qui n'ont point été changés ou révoqués par des Réglemens postérieurs; & l'on en a cité quelquefois, même rapporté en entier les difpofitions dans les notes aux articles auxquels ils fervent d'explication.

5°. On a eu foin de marquer fur chaque article de l'Ordonnance les citations & renvois aux autres articles de la même Ordonnance auxquels ils ont rapport, & qui fervent à les expliquer : car ces articles par cette comparaifon fe prêtent un fecours mutuel, & contribuent beaucoup à s'éclaircir les uns les autres.

6°. Dans le Commentaire fur l'Ordonnance du mois d'Août 1669, on trouvera peu de notes fur les trois premiers titres de cette Ordonnance ; c'eft-à-dire, fur le titre des *Evocations*, & fur ceux qui concernent les *Réglements de Juges*, tant en matiere civile que criminelle, parceque la nouvelle Ordonnance du mois d'Août 1737, renferme une Jurifprudence étendue & circonftanciée fur cette matiere : c'eft pourquoi on a mis en entier dans les notes les difpofitions de cette nouvelle Ordonnance, fur chacun des articles de ces trois titres où ils fe rapportent naturellement dans l'Ordonnance de 1669, & dans l'ordre même des articles de cette Ordonnance ; par ce moyen, on verra plus facilement les changements que la nouvelle Ordonnance a apportés à l'ancienne, & l'on pourra aifément en faire le pararellele.

On a fait la même chose sur le titre 5 qui concerne les *Lettres d'Etat.* Comme il y a une nouvelle Déclaration du 23 Décembre 1702, assez étendue sur cette matiere, on en a aussi rapporté en entier les dispositions dans les notes sur ce titre, en mettant chaque article de cette Déclaration aux endroits de l'Ordonnance où ils ont un rapport naturel.

On a eu aussi la même attention au sujet de la Déclaration du 23 Décembre 1699, servant de Réglement général touchant les Lettres de répi ; & l'on en a rapporté en entier les dispositions sur le titre 6 de l'Ordonnance de 1669, en les mettant aux notes sur les articles auxquels ces dispositions doivent se rapporter.

7°. On trouvera à la fin de l'ouvrage une table alphabétique des différentes Jurisdictions Consulaires établies dans le Royaume, où l'on a marqué l'année de leur établissement, & le Parlement où elles ressortissent.

8°. Enfin on a ajouté à la table des Articles de l'Ordonnance du mois d'Août 1669, une autre table qui renferme la suite des articles de l'Ordonnance des Evocations de 1737, dans leur ordre naturel, en renvoyant aux pages où se trouve chacun de ces articles ; & on a fait la même chose à l'égard des deux Déclarations du 23 Décembre 1699, & 23 Décembre 1702.

9°. On n'a rien négligé pour perfectionner cette nouvelle édition, & l'on y trouvera plusieurs corrections & augmentations importantes qui donnent tout lieu d'espérer qu'elle sera reçue encore plus favorablement du Public que la précédente.

Nota. Le Recueil des Réglements auquel on renvoie dans les deux Commentaires qui suivent, est le *Recueil chronologique des Ordonnances, Edits & Arrêts de Réglements cités dans les nouveaux Commentaires sur les Ordonnances des mois d'Avril 1667, Août 1669, Août 1670, & Mars 1673,* imprimé en 1757 en trois tomes in-12, & qui se vend à Paris chez le même Libraire.

Addition pour l'Article XVI du Commentaire de 1669, pag. 20, lign. 17.

Il y a une Déclaration du Roi du 3 Février 1739, touchant les évocations par rapport aux affaires du domaine du Roi. (Voyez cette Déclaration au nouveau Recueil de Réglements, tome 3, pag. 574.

TABLE
DES TITRES

Contenus en l'Ordonnance du mois d'Août 1673.

EDIT

Du mois de Mars 1673,

Servant de Réglement pour les Epices & Vacations des Commiſſaires, & autres frais de Juſtice,   167

TABLE

DES articles de l'Ordonnance du mois d'Août 1737, concernant les Évocations & Réglements de Juges, dans leur ordre naturel, avec les renvois aux pages où se trouvent ces articles.

TITRE I.

Des Evocations.

TITRE II.

Des Réglements de Juges en matiere civile.

TITRE III.

Des Réglements de Juges en matiere criminelle.

T A B L E.

Des Articles de la Déclaration du Roi, du 23 Décembre 1702, touchant les Lettres d'Etat.

T A B L E.

Des Articles de la Déclaration du Roi du 23 Décembre 1699, touchant les Lettres de Répi.

COMMEN-

COMMENTAIRE

SUR. L'ORDONNANCE

Du mois d'Août 1669.

OUIS, par la grace de Dieu, Roi de France & de Navarre : A tous préfens & à venir, Salut. Notre Ordonnance du mois d'Avril mil fix cens foixante - fept a donné un foulagement fi confidérable à nos Sujets, par le retranchement qu'elle a fait d'un grand nombre de procédures inutiles, que nous fommes portés par le fuccès de ce travail à continuer nos foins, pour achever un ouvrage duquel nos peuples doivent recevoir de fi grands avantages. Et comme il n'y a point d'inftruction qui doive eftre plus fimple que celle des Réglements de Juges, & des Evocations ; puifque ces actions ne concernent point le fond des conteftations, & ne font formées que pour avoir des

A

Juges : que les Lettres de *Committimus* ne sont accordées que pour favoriser l'assiduité du service : que les Lettres d'Etat ne sont que pour les absences nécessaires & indispensables, & les lettres de Répi pour soulager la misere, & soutenir les familles des débiteurs innocens : Nous avons cru qu'il étoit important d'en épurer la pratique, en les réduisant aux termes d'un usage naturel & légitime. A CES CAUSES, de l'avis de notre Conseil, & de notre certaine science, pleine puissance & autorité Royale, Nous avons dit, déclaré & ordonné, disons, déclarons, ordonnons, & nous plaît ce qui ensuit.

TITRE PREMIER.

Des Evocations.

ARTICLE I.

AUCUNE *évocation* (1) *générale* (2) ne sera accordée, *sinon pour très-grandes & importantes occasions* (3) jugées par nous en nostre Conseil.

1. *Aucune évocation.*] Il y a cinq sortes d'évocations. 1°. L'évocation du principal, dont il est parlé dans l'article 2 du tit. 6 de l'Or-

donnance du Mois d'Avril 1667. 2°. L'évocation qui se fait d'un Juge inférieur par un Juge supérieur, soit dans le cas où le Juge inférieur seroit saisi d'une cause dont la connoissance ne lui appartient point, & dont il voudroit connoître, soit pour raison de litispendance, dont il est parlé ci-après au titre 4 des *Committimus* article 11. 3°. L'évocation que le Souverain accorde par une grace particuliere, dont il est parlé dans cet Article premier. 4°. L'évocation que le Roi fait à son Conseil de la connoissance de certaines affaires pour des considérations importantes, dont il est parlé dans l'article 70 de l'Ordonnance de Moulins, & dans l'article 12 de l'Edit du mois de Janvier 1597. (Voyez le nouveau recueil de Réglements, tome 1 , pages 22 & 27.) 5°. Enfin l'évocation pour cause de parenté , qui est celle dont il s'agit dans tout ce titre, & qui est une espece de récusation contre le Siege d'où l'on demande que la cause soit évoquée.

2. *Générale.*] L'évocation générale dont il est parlé dans cet article, est une évocation de grace, que le Souverain par des considérations particulieres accorde à des Ordres ou à des personnes qualifiées , par laquelle il attribue à certains Tribunaux la connoissance des procès de ces Ordres & personnes qualifiées, & en dépouille les Juges à qui cette connoissance devroit naturellement appartenir. Telle est l'évocation par laquelle le Roi attribue au Grand-Conseil la connoissance des causes des Chanoines réguliers, des Jésuites, des Prêtres de l'Oratoire, & autres.

L'évocation particuliere est une évocation de grace que le Roi accorde pour une ou pour plusieurs causes particulieres ; comme si un Bénéficier qui auroit plusieurs procès en différentes

Jurifdictions, obtient de Sa Majefté des Lettres d'évocation, qui attribuent à un feul & même Tribunal la connoiffance de tous ces différends.

3. *Sinon pour très grandes & importantes oc-* *cafions.*] L'article 1 du titre 1 de l'Ordonnance des Evocations du mois d'Août 1737, porte auffi : » Qu'aucune évocation générale ne fera accor- » dée à l'avenir, fi ce n'eft pour de très grandes » & importantes confidérations, qui auront été » jugées telles par Sa Majefté en fon Confeil. (Voyez cette Ordonnance au nouveau recueil de Réglemens, tome 3, pages 485.)

Article II.

On pourra évoquer du chef des pa- rens ou alliez *en ligne directe ou collaté-* *rale* (1), afcendant ou defcendant, com- me oncles, grands oncles, neveux & petits-neveux, en quelque degré qu'ils foient : Et à l'égard des autres collaté- raux, l'évocation fera accordée du chef des parens & alliez, *jufqu'au troifiéme* *degré inclufivement* (2).

1. *En ligne directe ou collatérale.*] L'article 2 du titre 1 de l'Ordonnance du mois d'Août 1737, porte : » Qu'on pourra évoquer du chef des » parents ou alliés en ligne directe, afcendante » ou defcendante, même en collatérale, à l'égard » de ceux qui repréfentent les parents ou alliés » en ligne directe, comme oncles, grands-oncles, » neveux & petits-neveux, le tout en quelque » degré que ce foit.

2. *Jufqu'au troifieme degré inclufivement.*] L'ar- ticle 3 du titre 1 de l'Ordonnance de 1737.

porte pareillement : ꝏ Qu'il fera permis d'é-
ꝏ voquer du chef des parents & alliés en ligne
ꝏ collatérale jufqu'au troifieme degré incluſi-
ꝏ vement.

L'Ordonnance en matiere de récufation de
Juges ne demande pas un degré de parenté ſi
proche pour pouvoir récufer. (Voyez l'Ordonnance de 1667 , tit. 24 , articles 1 & 2.) La
récufation n'exclut que le Juge récufé ; mais
l'évocation donne atteinte aux droits du Tribunal entier.

Article III.

Les dégrez feront comptez (1) entre
collatéraux en ligne tranfverfale , c'eſt à
fçavoir les freres & fœurs , beaux-freres
& belles-fœurs pour le premier dégré , les
coufins-germains pour le fecond , & les
iſſus de germain pour le troifiéme.

1. *Les degrés feront comptés.*] L'article 3 du
titre 1 de l'Ordonnance du mois d'Août 1737 ,
porte auſſi : ꝏ Que les degrés en ce cas feront
ꝏ comptés en ligne tranfverfale , favoir les fre-
ꝏ res & fœurs , beaux - freres & belles-fœurs
ꝏ pour le premier degré , les coufins-germains
ꝏ pour le fecond , & les iſſus de germain pour
ꝏ le troifieme.

Article IV.

Et où il fe trouveroit (1) des parentez
& alliances du fecond ou troifiéme dégré
au quatriéme , elles feront comptées du
quatriéme.

A iij

Et où il se trouveroit.] L'article 4 du titre
1 de l'Ordonnance du mois d'Août 1737 porte
» qu'où il se trouveroit des parentés ou allian-
» ces d'un degré plus proche à un degré plus
» éloigné, elles seront comptées sur le pied du
» degré le plus éloigné.

L'article 5 porte, » que les alliés ne pour-
» ront être comptés au nombre de ceux du chef
» desquels il sera permis d'évoquer, lorsque le
» mariage qui avoit produit l'alliance, ne sub-
» sistera plus, & qu'il n'y en aura point d'en-
» fans existans lors de l'évocation.

L'article 6 porte que » lorsque l'évoqué, &
» l'officier du chef duquel l'évocation sera de-
» mandée, se trouveront avoir épousé les deux
» sœurs, ledit officier ne pourra être compté
» au nombre des alliés de l'évoqué, qu'en cas
» que les deux mariages subsistent au tems de
» l'évocation, ou qu'il y ait des enfans de l'un
» desdits deux mariages, qui soient vivans audit
» tems, encore que les deux sœurs soient décé-
» dées, ou l'une d'elles.

ARTICLE V.

Les procez meus & à mouvoir, de
ceux qui seront *du corps de notre Parlement de Paris* (1), & titulaires qui
auront *jusqu'au nombre de huit proches parens ou alliez* (2), & des autres parties
qui n'estant du corps, en auront dix aux
dégrez ci-dessus, seront évoquez & renvoyez au plus prochain Parlement, *si l'é-
vocation est requise* (3). Ce que nous
voulons estre observé en nos Parlemens

de Touloufe, Bordeaux, & Rouen, lorfqu'aucun du corps aura cinq parens ou
alliez aux dégrez ci-deffus, ou lorfque les
parties n'eftant du corps en auront fix :
comme auffi pour nos Parlemens de Dijon, Aix, Grenoble, Bretagne, Pau, &
Mets, efquels aucuns du corps auront
trois parens ou alliez aux dégrez ci deffus,
ou bien que la partie n'eftant du corps en
aura *jufqu'au nombre de quatre* (4).

1. *Du corps de notre Parlement de Paris.*]
L'article 7 du titre 1 de l'Ordonnance de 1737
porte que ,, lorfque la partie évoquée fera du
,, corps du Parlement dont l'évocation fera de-
,, mandée, le nombre des Parents & alliés aux
,, degrés ci-deffus marqués, du chef defquels on
,, pourra évoquer, fera & demeurera fixé à l'a-
,, venir ; favoir,
     ,, Pour le Parlement de Paris, au nombre de
,, dix.
     ,, Pour les Parlements de Touloufe, Bordeaux,
,, Rouen & Bretagne, au nombre de fix.
     ,, Pour les Parlements de Dijon, Grenoble,
,, Aix, Pau, Metz & Befançon, au nombre de
,, cinq.
     ,, Et lorfque la partie évoquée ne fera pas
,, du corps dont l'évocation fera demandée, le
,, nombre defdits parents & alliés fera fixé.
     ,, Pour le Parlement de Paris, à celui de
,, douze.
     ,, Pour ceux de Touloufe, Bordeaux, Rouen,
,, & Bretagne, au nombre de huit.
     ,, Et pour les Parlements de Grenoble, Aix,
,, Dijon, Pau, Metz & Befançon, au nombre
,, de fix.

A iv

2. *Jufqu'au nombre de huit proches parens ou alliés, &c.*] Voyez l'Ordonnance de Blois, article 117.

3. *Si l'évocation eft requife.*] Car l'évocation ne fe fait jamais qu'elle ne foit requife.

4. *Jufqu'au nombre de quatre.*] L'article 33 du titre 1 de l'Ordonnance du mois d'Août 1737, porte que » dans le cas où il y aura » lieu à l'évocation d'un Parlement à un autre, » le renvoi fera fait dans l'ordre fuivant ; » favoir,

» Du Parlement de Paris, au Grand-Confeil » ou au Parlement de Rouen.

» Du Parlement de Rouen, à celui de Bre- » tagne.

» Du Parlement de Bretagne, à celui de Bor- » deaux.

Du Parlement de Bordeaux, à celui de Tou- » loufe.

» Du Parlement de Pau, à celui de Bordeaux.

» Du Parlement de Touloufe, à celui de Pau » ou d'Aix.

» Du Parlement d'Aix, à celui de Grenoble.

» Du Parlement de Grenoble, à celui de Di- » jon.

» Du Parlement de Dijon, à celui de Befan- » çon.

» Du Parlement de Befançon, à celui de » Metz.

» Et du Parlement de Metz, à celui de Paris.

» Et qu'à l'égard des caufes & procès qui fe- » ront évoqués du Grand-Confeil, le renvoi en » fera fait audit Parlement de Paris.

L'article 34 porte, » que les procès qui feront » évoqués des Parlements, pourront être ren- » voyés au Grand-Confeil, quand les Parle- » ments plus proches feront valablement ex- » ceptés.

L'article 35 porte , » que dans le cas où il y
» aura lieu à l'évocation d'une Cour des Aides ,
» ou d'un Parlement ou autre Cour exerçant
» la même jurifdiction, en une autre Cour fem-
» blable, le renvoi en fera fait dans l'ordre fui-
» vant ; favoir,

» De la Cour des Aides de Paris , en celle de
Rouen ou de Clermont.

» De celle de Rouen , au Parlement de Bre-
» tagne.

» De celle de Clermont , à celle de Paris.

» Du Parlement de Bretagne , à la Cour des
» Aides de Bordeaux.

» De celle de Bordeaux , à celle de Montau-
» ban.

» De celle de Montauban , à celle de Mont-
» pellier.

» Du Parlement de Pau , à la Cour des Aides
» de Montpellier.

» De celle de Montpellier , à celle d'Aix.

» De celle d'Aix , au Parlement de Grenoble.

» Du Parlement de Grenoble , au Parlement
» de Dijon.

» Du Parlement de Dijon , à la Cour des Aides
» de Dole.

» De celle de Dole , au Parlement de Metz.

Et du Parlement de Metz, à la Cour des Aides
» de Paris.

L'article 36 porte , » N'entendons préjudicier
» par les trois articles précédents aux exceptions
» particulieres qui pourroient être propofées par
» les parties contre celles defdites Cours aux-
» quelles le renvoi doit être fait fuivant lef-
» dits articles ; & en cas que lefdites exceptions
» foient jugées valables , nous nous réfervons
» d'ordonner dans notre Confeil le renvoi à
» une autre Cour non fufpecte, ainfi qu'il appar-
» tiendra.

A v

ARTICLE VI.

Le même fera obfervé *pour les évoca-*
tions de notre Grand-Confeil (1), à l'é-
gard de ceux qui eftant de la compagnie ,
auront quatre parens ou alliez , ou qui
n'eftant de la compagnie, y en auront fix
ès dégrez ci-deffus : aufquels cas le renvoi *fera fait en notre Parlement de Paris*
(2), fi ce n'eft qu'il fût valablement excepté.

1. *Pour les évocations de notre Grand-Confeil*]
L'article 8 du titre 1 de l'Ordonnance du mois
d'Août 1737 , porte » que le nombre des parens
» & alliés aux degrés ci-deffus marqués , du
» chef defquels on pourra évoquer du Grand-
» Confeil , demeurera fixé à quatre pour ceux
» qui feront du corps , & à fix pour ceux qui
» n'en font pas.

2. *Sera fait en notre Parlement de Paris.*]
L'article 33 du titre 1 de l'Ordonnance du mois
d'Août 1737 , fur la fin , renferme la même difpofition. (Voyez cet article ci-deffus aux notes
fur l'article 5 de ce titre , note 4 page 8.)

ARTICLE VII.

Les procez pendans en la Cour des Ai-
des de Paris (1) pourront eftre évoquez ,
lorfque l'une des parties étant du corps
aura quatre parens ou alliez aux dégrez

mentionnez en l'Article ci-deſſus, ou que n'eſtant du corps, elle en aura ſix.

1. *Les procès pendans en la Cour des Aides de Paris, &c.*] L'article 9 du titre 1. de l'Ordonnance du mois d'Août 1737, porte auſſi ›› que ›› les procès différents pendans en la Cour des ›› Aides de Paris ne pourront en être évoqués, ›› que lorſqu'une des parties étant du corps, y ›› aura quatre parens ou alliés aux dégrés ci-›› deſſus marqués, ou que, n'étant pas du corps, ›› elle en aura ſix.

Aʀᴛɪᴄʟᴇ VIII.

Quant aux autres Cours des Aides (1), lorſque l'une des parties ſera du corps, & qu'elle aura trois parens ou alliez, ou que, n'en eſtant point, elle en aura quatre aux dégrez ci-deſſus, l'évocation ſera accordée, avec renvoi en une autre plus proche & non ſuſpecte.

1. *Quant aux autres Cours des Aides.*] L'article 10 du titre 1 de l'Ordonnance du mois d'Août 1737, porte que ›› quant aux autres ›› Cours des Aides, l'évocation ne pourra avoir ›› lieu que lorſqu'une des parties ſera du corps, ›› & qu'elle y aura trois parens ou alliés aux de-›› grés ci-deſſus marqués, ou que n'étant pas ›› du corps, elle en aura quatre; & que le ren-›› voi de l'affaire évoquée ſera fait dans le cas ›› du préſent article & du précédent en une au-›› tre Cour des Aides la plus proche & non ›› ſuſpecte, ainſi qu'il eſt marqué par l'article ›› 35.

A vj

L'article 11 porte » N'entendons comprendre
» dans les articles précédents sous le nom d'*Of-*
» *ficiers du corps de nos Cours ou autres Compa-*
» *gnies*, que ceux qui y auront séance & voix
» délibérative, ensemble nos Avocats & Procu-
» reurs généraux ; ce qui sera pareillement ob-
» servé par rapport aux Officiers du chef desquels
» l'évocation sera demandée, & sans qu'elle
» puisse avoir lieu sous prétexte de parenté ou
» alliance avec d'autres Officiers que ceux qui
» sont ci-dessus mentionnés, encore qu'ils eus-
» sent le privilege d'être réputés Officiers du
» corps dans d'autres matieres.

ARTICLE IX.

Les procez pendans en l'un des Semestres *des Compagnies qui sont semestres* (1),
& ès Chambres de nos Cours de Parlement & des Aides, esquels procez aucuns de nos Présidens ou Conseillers des
Semestres & Chambres seront parties ;
ou si l'une des parties y a son pere, enfans, gendres, freres, beaux freres, oncles, neveux, cousins germains, ou deux
parens au troisieme dégré, ou trois jusqu'au quatriéme inclusivement, seront
renvoyez en une autre Chambre & Semestre à la simple requisition *de l'une des
parties* (2).

1. *Des Compagnies qui sont Semestres.*] Voyez
infrà l'article 45 de ce titre.

L'article 85 du titre 1 de l'Ordonnance du
mois d'Août 1737, porte que » lorsque dans

» les Compagnies Semestres, ou dans les Parle-
» ments ou Cours des Aides qui font composées
» de plusieurs chambres, un de ceux qui ont
» une cause ou un procès pendant en l'un des
» Semestres ou en l'une des Chambres, y sera
» Président ou Conseiller, ou que, sans être Of-
» ficier dans ledit Semestre ou dans ladite Cham-
» bre, il y aura son pere, beau-pere, fils,
» gendre, beau-fils, frere, beau-frere, oncle,
» neveu, ou cousin-germain, soit Présidents
» ou Conseillers, lesdites causes ou procès se-
» ront renvoyés en un autre Semestre ou en une
» autre Chambre de la même Cour, sur la sim-
» ple Requéte qui sera présentée à ladite Cour
» par le Demandeur en renvoi, après que la
» communication en aura été donnée à l'autre
» partie pour y répondre dans trois jours ; &
» que, sur la réponse qui y sera faite, ou faute
» de la faire, il sera statué sur le renvoi dans
» les trois jours suivants, ce qui aura pareille-
» ment lieu, lorsque, dans le même Semestre ou
» dans la même Chambre une des parties aura
» deux parents au troisieme degré, ou trois jus-
» qu'au quatrieme inclusivement.

2. *Sur la fin de l'article.*] L'article 86 du titre 1 de l'Ordonnance de 1737, porte » que » les dispositions de ladite Ordonnance au sujet » des parents qui peuvent donner lieu à l'évo- » cation des Cours, & des cas où il n'y aura » lieu à l'évocation, seront pareillement obser- » vées pour les renvois d'un Semestre à un autre » Semestre, ou d'une Chambre à une autre » Chambre de la même Cour.

Article X.

Les Procès pendans *ès Chambres mi-parties* (1), soit qu'elles soient unies ou féparées des Parlemens, pourront être évoquez & renvoyez en autres Chambres mi‑parties plus proches & non excep‑tées, à caufe des Juges qui fe trouveront parens ou alliez d'aucunes des parties; fçavoir un au fecond dégré, deux au troifiéme, ou qui auront dans le corps des mêmes Parlemens des parens & alliez au nombre & dégré requis pour évo‑quer.

1. *Ès Chambres mi-parties.*] Les Chambres mi-parties étoient celles qui étoient compofées de Juges Catholiques & de Proteftants en nom‑bre égal, pour juger les caufes des Religionnai‑res en certaines Provinces, lorfque la Religion prétendue réformée étoit permife en France. Cet article eft devenu inutile depuis l'Edit de révo‑cation de celui de Nantes, du mois d'Octobre 1685, qui défend l'exercice de cette religion dans le Royaume.

ARTICLE XI.

Les Procez ne pourront être évoquez, *fi les deux tiers des parens & alliez* (1) qui feront articulez, ne font titulaires, pour‑vûs & revêtus de leurs Offices, *fans que les Ducs & Pairs* (2), Officiers hono‑raires ou vétérans puiffent être comptez que pour un tiers.

1. *Si les deux tiers des parents & alliez.*]

L'article 12 du titre 1 de l'Ordonnance du mois d'Août 1737 ; porte aussi que » les Procès » & contestations ne pourront être évoqués , » si dans le nombre de ceux dont les parentés » & alliances seront articulées , il n'y en a au » moins les deux tiers qui soient titulaires , » pourvûs & revêtus de leurs Offices.

2. *Sans que les Ducs & Pairs.*] L'article 13 du titre 1 de l'Ordonnance de 1737 , porte que » les Ducs & Pairs , les Conseillers d'hon- » neur , & les Officiers honoraires ou vétérans , » en quelque nombre qu'ils soient , ne seront » comptés que pour un tiers des parents néces- » saires pour l'évocation ; c'est - à - dire pour » un seul parent , dans les Cours où il en faut » trois , quatre ou cinq pour évoquer ; pour » deux , en celles où il en faut six ou huit ; » pour trois , quand il en faut dix ; & pour » quatre , quand il en faut douze.

L'article 14 porte que » les parentés & al- » liances des Ducs & Pairs , Conseillers d'hon- » neur & autres Officiers , qui en vertu du mê- » me titre ont séance non-seulement au Parle- » ment de Paris , mais en d'autres Compagnies , » ne pourront être articulées ni reçues pour » évoquer d'aucune desdites Cours , si ce n'est » du Parlement de Paris.

A T I C L E X I I.

L'évocation ne pourra estre demandée (1) par l'une ou l'autre des parties sur leurs parentez & alliances communes en égal dégré (2).

1. *L'évocation ne pourra être demandée.*] L'ar- ticle 6 du titre 1 de l'Ordonnance du mois

d'Août 1737, porte » qu'il ne sera permis à
» aucune des parties d'évoquer du chef de ses
» parents ou alliés, lorsqu'ils ne le seront pas
» aussi des autres parties ou de l'une d'elles,
» auquel cas sera observé ce qui est porté par
» l'article 17 suivant.

Cet article 17 porte que » les parentés ou
» alliances communes aux parties ne pourront
» donner lieu à l'évocation, lorsqu'elles se-
» ront en égal degré, ou lorsque les parents ou
» alliés du chef desquels l'évocation sera de-
» mandée, le seront dans un degré plus proche
» de celui qui évoque, que des autres parties ;
» sans qu'en aucun cas il puisse être fait aucune
» différence à cet égard entre l'alliance & la
» parenté.

2. *Sur leurs parentés & alliances communes,*
&c.] *Secùs* en matieres de récusations. (Voyez
ci-dessus, article 2, note 2, pag. 4.

ARTICLE XIII.

Les parentez & alliances de Maîtres des
Requestes ordinaires de nostre Hôtel (1),
ne pourront estre articulées ni reçues pour
évoquer, que de nostre Parlement de Paris.

1. *Les parentés & alliances des Maîtres des Re-*
quêtes, &c.] L'article 15 du titre 1 de l'Ordonnance du mois d'Août 1737, porte » que les
» parentés & alliances des Maîtres des Requêtes
» ordinaires de l'Hôtel, ne pourront être arti-
» culées ni reçues pour évoquer d'aucune autre
» Cour, que du Parlement de Paris & du Grand-
» Conseil.

Article XIV.

En jugeant les évocations (1) on n'aura aucun égard aux parentez & alliances des Officiers qui auront décédé, ou qui se feront démis de leurs Offices, *& dont l'intéreft aura ceffé* (2), pourveu que la preuve ait efté rapportée avant le jugement, & le droit ne fera acquis à l'évoquant que du jour de l'Arreft ; fans néanmoins qu'en ce cas il puiffe eftre condamné aux dépens, nonobftant l'Article premier du Titre des Dépens.

1. *En jugeant les évocations.*] L'article 18 du titre 1 de l'Ordonnance du mois d'Août 1737, porte ɔɔ qu'en jugeant les évocations, ɔɔ on n'aura aucun égard aux parentés & allian- ɔɔ ces des Officiers qui feront décédés, ou qui ɔɔ fe feront démis de leur Office, ou dont l'in- ɔɔ térêt aura ceffé depuis l'évocation demandée, ɔɔ pourvû que la preuve en ait été rapportée ɔɔ avant le jugement ; fans néanmoins qu'en ce ɔɔ cas l'évoquant puiffe être condamné en au- ɔɔ cune amende ni aux dépens.

L'article 19 porte : ɔɔ Voulons néanmoins ɔɔ que dans le cas où indépendamment du décès, ɔɔ de la démiffion, ou de la ceffation d'intérêt ɔɔ des Officiers du chef defquels l'évocation avoit ɔɔ été demandée, il fera jugé que l'affaire par fa ɔɔ nature ou par l'état de la conteftation n'étoit ɔɔ pas fujette à l'évocation, comme auffi quand ɔɔ il fe trouvera que l'Officier décédé, ou qui fe ɔɔ fera démis, ou dont l'intérêt aura ceffé, n'é-

» toit ni parent ni allié de l'évoqué, ou qu'il
» ne l'étoit pas à un des degrés ci-deſſus mar-
» qués, l'évoquant ſoit condamné en l'amende
» & aux dépens.

2. *Et dont l'intérêt aura ceſſé.*] Quand même
cet intérêt n'auroit ceſſé que depuis l'évocation
demandée ; mais dans ce cas, l'évoquant doit
les dépens faits juſqu'au jour du décès ou de la
démiſſion de l'Officier.

ARTICLE XV.

*Aucune évocation ne ſera accordée ſur
les parentez & alliances des Syndics* (1)
ou Directeurs, Adminiſtrateurs, Corps
& Communautez, Tuteurs & Curateurs,
pourveu qu'ils ne ſoient intéreſſez *dans
le procez en leurs noms* (2).

1. *Sur les parentés & alliances des Syndics,
&c.*] Voyez le commentaire nouveau ſur l'article 5 du titre des récuſations de l'Ordonnance
du mois d'Avril 1667, & ci-après l'article 27
du titre 4 des *Committimus.*

L'article 20 du titre 1 de l'Ordonnance du
mois d'Août 1737, porte » qu'aucune évocation
» ne ſera accordée ſur les parentés & alliances
» des Syndics ou Directeurs, Tuteurs ou Cura-
» teurs, ou autres Adminiſtrateurs, ni pareil-
» lement ſur celles des membres des Corps ou
» Communautés, pourvû que dans la conteſta-
» tion dont l'évocation ſera demandée, les uns
» ni les autres ne ſoient parties en leur nom, in-
» dépendamment de leurs qualités ci deſſus mar-
» quées, & pour un intérêt perſonnel diſtinct
» & ſéparé de celui des perſonnes qui ſont ſous

» leur direction ou administration , ou desdits
» Corps ou Communautés , auquel cas l'évoca-
» tion ne pourra avoir lieu que pour les de-
» mandes & contestations qui concerneront
» leurdit intérêt personnel seulement , & non
» celui desdits personnes , Corps & Commu-
» nautés.

2. *Sur la fin de l'article.*] L'article 21 du
titre 1 de l'Ordonnance de 1737 , porte » que
» les Causes ou Procès , tant civils que cri-
» minels , pendans aux Cours des Aides , qui
» concernent les droits des Fermes du Roi &
» l'exécution des baux , circonstances & dépen-
» dances , même tous procès des Fermiers en
» nom collectif , ou des Adjudicataires des Fer-
» mes de Sa Majesté , contre leurs commis en
» matiere civile ou criminelle , ne pourront être
» évoqués sur les parentés & alliances des Offi-
» ciers des Cours des Aides avec aucuns des in-
» téressés dans lesdites Fermes , en quelque de-
» gré que ce soit : le tout sans préjudice des
» évocations du chef de ceux desdits intéressés
» ou de leurs commis qui seroient parties en
» leur propre & privé nom , & pour un inté-
» rêt personnel , autre que celui desdites Fer-
» mes. » (Ce qui est conforme à la déclaration
du Roi du 2 Octobre 1694 , qui renferme une
disposition toute semblable. Voyez le nouveau
recueil de Réglemens , tom. 2 page 158.)

L'article 23 du titre 1 de la même Ordonnance de 1737 , porte » qu'aucune évocation
» ne pourra être demandée du chef des parents
» & alliés des Procureurs généraux , lorsqu'ils
» ne seront parties que comme exerçant le mi-
» nistere public. » (Voyez *infrà* , l'article 36 de
ce titre pour le criminel.)

Article XVI.

Les affaires concernant notre Domaine (1) ne pourront pareillement estre évoquées (2).

1. *Les affaires concernant notre Domaine*] V. *infrà* titre 4 des *Committimus*, articl. 25 & 26.

L'article 22 du titre 1 de l'Ordonnance du mois d'Août 1737, porte » que les affaires con-» cernant le Domaine du Roi, ne pourront être » évoquées, ni pareillement celles des Pairies, » où il s'agira du titre ou de la propriété de la » Pairie ou des droits qui en dépendent quand le » fond desdits droits sera contesté.

Il y a une déclaration du Roi du 3 Février 1739, touchant les évocations par rapport aux affaires du Domaine du Roi. (Voyez cette déclaration au nouveau recueil des Réglements en 3 vol. in-12, tom. 3 ; page 574.)

2. *Sur la fin de l'article.*] L'article 24 du titre 1 de l'Ordonnance de 1737, porte » que les cau-» ses & procès dont la connoissance appartient » aux Chambres des Eaux & Forêts, ou Tables » de marbre établies auprès des Cours de Parle-» ment, ne pourront pareillement être évo-» quées, & ce, de quelque nature que soient » lesdites affaires, & de quelque maniere que » lesdites Chambres se trouvent composées.

Article XVII.

On ne pourra aussi évoquer les Decrets ni les Ordres ; & *néanmoins les opposi-*

tions qui y feront faites (1) , *pourront eftre évoquées* (2).

1. *Et néanmoins les oppofitions qui y feront faites , &c.*] L'article 25 du titre 1 de l'Ordonnance du mois d'Août 1737, a changé cette difpofition. Cet article porte que » les Decrets, les » pourfuites de Criées, & les Ordres, ne pour- » ront être évoqués, ni pareillement les oppofi- » tions aux Saifies-réelles, de quelque nature » qu'elles puiffent être , ni aucunes des contefta- » tions qui pourront furvenir, foit à l'occa- » fion des contrats d'union , de direction, ou » autres femblables entre les créanciers & leurs » débiteurs , foit au fujet defdits Decrets & Or- » dres.

2. *Sur la fin de l'article.*] L'article 26 du titre 1 de l'Ordonnance de 1737, veut » que s'il étoit » fignifié aucune Cédule évocatoire dans les cas » portés par les articles précédents , (c'eft-à-dire » par les articles 22 , 23 , 24 & 25 , rapportés » ci-deffus aux notes fur les articles 15 , 16 & » 17 de ce titre , pag. 18 & fuiv.) il foit paffé » outre par les cours à l'inftruction & au Juge- » ment des caufes , inftances ou procès , fans » avoir égard aufdites Cédules évocatoires , qui » feront regardées comme nulles & de nul effet.

ARTICLE XVIII.

Les caufes & inftances des Requeftes ci- viles (1) *& exécutions d'Arrefts, ne pour- ront auffi être évoquées* (2) par ceux qui auront efté parties aux procès , fur lef- quels ils auront efté rendus ; fi ce n'eft que depuis il ait efté contracté quelques alliances, ou qu'il soit intervenu quelque autre fait, qui puisse donner lieu à l'évocation.

1. *Les Causes & instances des Requêtes Civiles.*] L'article 27 du titre 1 de l'Ordonnance du mois d'Août 1737, porte » que les Causes & » Instances où il s'agira de l'entérinement de » Lettres de Requête civile, ou de révision ; » ou de demandes en exécution d'Arrêts ou » de jugements en dernier ressort, ne pourront » être évoquées par ceux qui auront été parties » aux Procès ou contestations, sur lesquels les- » dits Arrêts ou Jugements auront été rendus, » si ce n'est que depuis il ait été contracté » quelque alliance, ou qu'il soit survenu quel- » qu'autre fait qui puisse donner lieu à l'évoca- » tion.

2. *Ne pourront aussi être évoquées.*] V. l'Ordonnance de 1667, tit. 35, article 20 avec les notes.

ARTICLE XIX.

Les causes & les procez *dont la plaidoirie ou le rapport auront esté commencez* (1), ne pourront estre évoquez sous prétexte de parentez & alliances : & en cas de contestation, l'évoqué pour justifier de l'état des causes & procez, rapportera pour les causes d'audience, un certificat du Greffier, *& pour les procez par écrit* (2), un Arrest sur requeste, qui sera rendu par la Chambre où le procez sera pendant, portant que la plaidoirie ou le rapport aura esté commencé.

1. *Dont la Plaidoirie ou le rapport auront été commencés.*] L'article 28 du titre 1 de l'Ordonnance de 1737, porte » que les Causes & les » Procès, dont la plaidoirie ou le rapport au- » ront été commencés, ne pourront être évo- » qués sous prétexte de parentés ou alliances ; » & que lorsque l'affaire sera en cet état lors » de l'évocation, l'évoqué rapportera pour le » justifier, savoir, à l'égard des causes d'au- » dience, un certificat du Greffier, portant que » la plaidoirie étoit commencée, & pour les » Procès par écrit, un Arrêt sur Requête qui » sera rendu par la Chambre où le Procès sera » pendant, lequel portera que le rapport du » Procès a été commencé, & en conséquence, » que sur la simple Requête de l'évoqué, à la- » quelle ledit certificat ou ledit Arrêt sera at- » taché, il sera ordonné au Conseil de S. M. » qu'il sera passé outre au jugement de la cause » ou du Procès, & l'évoquant condamné en » l'amende & aux dépens.

2. *Et pour les Procès par écrit.*] Cela s'entend même des Procès des petits Commissaires. (Mercuriale du 9 Avril 1682, tenue en la cinquieme Chambre des Enquêtes.)

Article XX.

L'évocation ne pourra estre demandée (1) par celui qui aura esté reçû partie intervenante en cause d'appel seulement, ni de son chef ; si ce n'est que ses droits *n'eussent pas encore esté ouverts* (2), & que lui ou ses auteurs n'eussent pû agir avant le jugement définitif, rendu en cause principale.

1. *L'Evocation ne pourra être demandée.*] L'article 29 du titre 1 de l'Ordonnance du mois d'Août 1737, porte » que l'évocation ne pourra » être demandée par celui qui aura été reçu par- » tie intervenante en cause d'appel seulement, » ni de son chef ou de celui de ses parents & al- » liés, si ce n'est que ses droits n'eussent pas en- » core été ouverts, & que lui ou ses auteurs » n'eussent pû agir avant le jugement rendu en » cause principale.

2. *N'eussent pas encore été ouverts.*] Parceque avant ce temps, la Partie ne pouvoit agir.

ARTICLE XXI.

L'évocation pourra estre demandée par celui, ou du chef de celui *qui aura esté assigné en garantie* (1), ou pour voir déclarer un Atrêt commun, *dans les six semaines* (2) après qu'une cause aura esté mise au rôle, ou que le premier acte pour venir plaider aura esté signifié, si la cause en est poursuivie par placet; ou dans deux mois après le réglement ou appointement de quelque qualité qu'il puisse estre : & après les délais ci dessus il ne sera plus reçû à évoquer.

1. *Qui aura été assigné en garantie.*] L'ar- ticle 30 du titre 1 de l'Ordonnance du mois d'Août 1737, porte » que l'évocation de la de- » mande principale, ne pourra être demandée » par celui, ou du chef de celui qui aura été » assigné en garantie, ou pour voir déclarer l'Ar- » rêt commun, ni pareillement du chef de ses » parents & alliés, qu'en cas que la cause, si

l'affaire

>> l'affaire eſt à l'Audience , ait été miſe au rôle
>> avec l'aſſigné en garantie , ou pour voir décla-
>> rer l'Arrêt commun , & les autres parties , ou
>> que le premier acte pour venir plaider avec
>> toutes les parties lui ait été ſignifié , lorſque
>> l'Audience ſera pourſuivie par placet ; & que
>> ſi la demande principale a été appointée , l'é-
>> vocation ne pourra avoir lieu qu'en cas que la-
>> dite demande en garantie , ou pour voir décla-
>> rer l'Arrêt commun , ait été réglée par le même
>> Arrêt , ou par un Arrêt de jonction , ſauf au
>> demandeur en garantie à évoquer la conteſta-
>> tion ſur la garantie ſeulement , auquel cas il
>> pourra être paſſé outre au jugement de la de-
>> mande principale.

2. *Dans les ſix ſemaines.*] L'article 31 du
titre 1 de l'Ordonnance de 1737 , porte >> que
>> l'évocation de la demande principale ne pourra
>> néanmoins être admiſe , même dans les cas
>> où elle peut avoir lieu , ſuivant l'article pré-
>> cédent , ſi la cédule évocatoire n'a été ſignifiée
>> dans les ſix ſemaines , à compter du jour que la
>> cauſe aura été miſe au rôle avec l'aſſigné en ga-
>> rantie ; ou pour voir déclarer l'Arrêt com-
>> mun , & les autres parties , ou que le premier
>> acte pour venir plaider avec toutes les autres
>> Parties lui aura été ſignifié , ou du jour de la
>> ſignification de l'Arrêt qui aura joint au prin-
>> cipal la demande en garantie , ou pour voir
>> déclarer l'Arrêt commun : après leſquels délais
>> ladite évocation ne ſera plus reçue. Veut Sa
>> Majeſté , qu'en juſtifiant par la partie évoquée
>> que leſdits délais étoient expirés dès le jour
>> de la ſignification de la cédule évocatoire , il
>> ſoit ſur ſa ſimple Requête rendu Arrêt en ſon
>> Conſeil , portant qu'il ſera paſſé outre au ju-
>> gement de la cauſe ou du Procès , comme on

» auroit pu faire avant la signification de ladite
» cédule évocatoire.

L'article 32 , porte » que si dans ledit délai de
» six semaines l'assigné en garantie , ou pour voir
» déclarer l'Arrêt commun , étoit mis hors de
» cause , ou si le demandeur étoit débouté de sa
» demande en jonction desdites demandes au
» Procès principal , ou qu'après avoir été join-
» tes , elles eussent été disjointes par Arrêt con-
» tradictoire avant la signification de la cédule
» évocatoire , l'évocation ne pourra être deman-
» dée : Veut S. M. que si au préjudice de la pré-
» sente disposition , il étoit signifié une cédule
» évocatoire , il soit accordé au défendeur un
» Arrêt du Conseil , suivant ce qui est porté par
» l'article précédent.

Article XXII.

Les parties qui prétendront évoquer (1)
sur parentez & alliances , seront tenues
de faire signifier au domicile du Procureur de la partie évoquée , une cédule
évocatoire contenant la qualité & l'état
du procez , les noms & surnoms des parens & alliez & leurs dégrez de parentez &
alliances , avec sommation de les reconnoître & consentir à l'évocation & renvoi au Parlement , Chambre & autre
Cour plus proche & non suspecte ; &
en cas d'exception du plus proche de la
part de l'évoquant , il sera tenu d'en cotter les causes & moyens dans la cédule
évocatoire : l'évoqué *sera tenu de faire le*

semblable (2) par sa réponse à la signification & sommation qui lui sera faite ; le
tout *à peine de nullité* (3).

1. *Les Parties qui prétendront évoquer.*] Cet
article & les cinq qui suivent, reglent la procédure qui doit être observée touchant les évocations en matiere civile. Voyez pour celle qui
doit s'observer sur les évocations en matiere criminelle, *infrà*, Article 36 & suivants, pag. 43.
L'article 37 du titre 1 de l'Ordonnance du
mois d'Août 1737., porte » que les Parties qui
» voudront évoquer sur parentés & alliances,
» seront tenues de faire signifier au domicile du
» Procureur de la Partie évoquée une cédule évo-
» catoire contenant la qualité & l'état du Procès,
» les noms & surnoms des parents & alliés, &
» leur degré de parenté & alliance, avec som-
» mation de les reconnoître, & de consentir à
» l'évocation & au renvoi à celles des Cours Sou-
» veraines qui sont marquées par les articles
» 33, 34 & 35, ci-dessus; (V. *suprà*, article
» 5 aux notes, pages 8 & suivantes), & qu'en
» cas d'exception de ladite Cour de la part de
» l'évoquant, il sera tenu de marquer les causes
» & moyens dans la cédule évocatoire, à peine
» de nullité.

2. *Sera tenu de faire le semblable.*] C'est à-
dire, de cotter les raisons qu'il a d'excepter le
Parlement le plus proche.

3. *Sur la fin de l'article.*] Les Procureurs ne
peuvent faire signifier ces cédules évocatoires,
sans avoir une procuration spéciale passée devant Notaires, suivant les articles 38, & 39,
de l'Ordonnance du mois d'Août 1737. (V. ces
articles ci-après, article 40 du présent titre, aux
notes.)

B ij

Il faut aussi observer que ces cédules ne peuvent être signifiées quinzaine avant la fin du Parlement & des semestres à l'égard des Compagnies qui servent par semestres. (V. *infrà*, article 47.)

ARTICLE XXIII.

Sera tenu le deffendeur en évocation (1) quinzaine après la signification de la cédule évocatoire, de reconnoître ou dénier précisément les parentez & alliances qui auront été articulées, & faire les exceptions des Parlemens qui lui seront suspects, sans qu'il puisse avant la réponse faire aucunes poursuites du procez.

1. *Sera tenu le Défendeur en évocation.*] L'article 41 du titre 1 de l'Ordonnance du mois d'Août 1737, porte » que le Défendeur en évo-
» cation sera tenu quinzaine après la significa-
» tion de la cédule évocatoire, de reconnoître
» ou dénier précisément les parentés & alliances
» qui auront été articulées ; & qu'en cas que la
» Cour en laquelle le renvoi doit être fait, sui-
» vant les articles 33, 34 & 35 ci-dessus, (V.
» ces articles *suprà*, article 5, aux notes, pages
» 8 & suiv.) où celle qui aura été indiquée par
» la cédule évocatoire, lui soit suspecte, il sera
» aussi tenu de déclarer ses causes & moyens
» d'exception, & que la réponse dudit défen-
» deur, sera pareillement signifiée au domicile
» du Procureur du demandeur en évocation ; le
» tout sans préjudice audit défendeur d'alléguer
» tels autres moyens de droit ou de fait contre
» l'évocation, qu'il avisera bon être.

Aʀᴛɪᴄʟᴇ XXIV.

Et à faute de fournir (1), par les deffendeurs en évocation, dans quinzaine après la signification de la cédule évocatoire faite à personne ou Procureur, leur réponse contenant la reconnoissance ou dénégation, la signification leur sera réitérée, & à faute d'y répondre quinzaine après la seconde signification, les faits seront tenus pour avérez & reconnus, & en conséquence les évocations accordées.

1. *Et à faute de fournir, &c.*] L'article 42, du titre 1 de l'Ordonnance de 1737, porte » que » si le défendeur en évocation ne fait pas signi- » fier sa réponse dans le terme porté par l'article » précédent, la signification de la cédule évoca- » toire lui sera réitérée dans la forme prescrite » par les articles 37 & 38 de ladite Ordonnance » de 1737. (V. l'article 37, *suprà*, pag. 27 aux » notes, sur l'article 22, & l'art. 38, ci-après » aux notes sur l'article 40 du présent titre,) & » que faute d'y répondre quinzaine après la se- » conde signification, les faits seront tenus pour » confessés ou reconnus ; & qu'en conséquence, » les évocations seront accordées pour celle des » Cours à laquelle le renvoi doit être fait, sui- » vant les articles 33, 34 & 35, ci-dessus, (V. » ces articles ci-dessus aux notes sur l'article 5, » pag. 8 & suiv.) sans que ledit défendeur puisse » être reçu après ledit délai à contester lesdites » évocations, en aucun cas & sous quelque pré- » texte que ce soit.

L'article 43 ajoute que » & où ledit défen-
» deur auroit employé dans sa réponse à la cé-
» dule évocatoire des moyens indépendans des
» parentés & alliances articulées, sans avoir pré-
» cisément dénié lesdites parentés & alliances
» par ladite réponse & dans lesdits délais, elles
» seront regardées comme reconnues, & qu'il
» ne sera plus reçu à les contester sous quelque
» prétexte que ce puisse être, sans préjudice néan-
» moins de ses autres moyens contre ladite évo-
» cation, sur lesquels il sera statué au Conseil
» de S. M. ainsi qu'il appartiendra.

L'article 44, porte » que l'évocation sera ac-
» cordée, si toutes les parties consentent par
» écrit, tant à ladite évocation, qu'au renvoi
» dans la même Cour.

Article XXV.

L'évoquant fera preuve seulement (1)
des parentez & alliances qui auront esté
déniées, & ce faisant les autres demeureront constantes sans qu'il soit besoin d'autre preuve.

1. *L'évoquant fera preuve seulement.*] L'article
43 du titre 1 de l'Ordonnance de 1737, porte
aussi » qu'il ne sera fait preuve que des parentés
» & alliances, qui auront été déniées, & que les
» autres demeureront reconnues, sans qu'il soit
» besoin d'aucune autre preuve.

Article XXVI.

Lorsque les parties évoquées *auront
convenu des paren ez & alliances* (1) arti-

culées par les cédules évocatoires , &
consenti respectivement l'évocation & le
renvoi de leurs différends au plus prochain Parlement ou autre Jurisdiction,
l'une des parties pourra se retirer pardevers nos Chancelier & Garde des Sceaux
pour les ressorts des Parlements & autres
Cours de Languedoc, Guyenne, Grenoble, Aix, Rennes & Pau, dans deux
mois; & pour les Parlements & autres
Cours de Paris , Rouen , Dijon , &
Metz, dans un mois, à compter du jour
de la signification du consentement, pour
en obtenir Lettres d'évocation avec attribution de Jurisdiction aux Cours plus
proches, & dont les parties seront demeu-
rées d'accord : lesquelles seront expédiées
en justifiant & rapportant préalablement
la cédule évocatoire , & consentement
des parties , qui demeureront attachez
sous le contre-scel.

1. *Auront convenu des parentés & alliances.*]
Voyez *infrà*, articles 28 & 29 , pag. 33 , 34.
L'article 45 du titre 1 de l'Ordonnance du
mois d'Août 1737 , porte »que dans tous les
» cas où l'évocation doit avoir lieu suivant les
» articles ci-dessus, soit par la reconnoissance
» ou le silence du défendeur , soit par le consen-
» tement par écrit de toutes les parties , l'évo-
» quant se pourvoira en la grande Chancellerie ,
» pour obtenir des lettres d'évocation consen-
» tie, avec attribution de Jurisdiction à la

B iv

» Cour à laquelle le renvoi devra être fait, où
» aura été confenti ; ce que ledit évoquant fera
» tenu de faire dans deux mois pour les affaires
» pendantes aux Parlements & autres Cours de
» Languedoc, Guyenne, Grenoble, Aix, Pau,
» Befançon & Rennes ; & dans un mois pour
» les affaires pendantes aux Parlements & autres
» Cours de Paris, Rouen, Dijon & Metz : le
» tout à compter du jour de la reconnoiſlance
» des parentés & alliances, ou de l'expiration
» du terme dans lequel elles doivent être recon-
» nues ou déniées, fuivant ce qui eft porté ci-
» deſſus, ou du confentement donné par écrit à
» l'évocation & au renvoi : que lefdites lettres
» d'évocation confentie feront expédiées en rap-
» portant préalablement la cédule évocatoire ; la
» réponſe à ladite cédule, ſi aucune y a été fai-
» te, ou le confentement par écrit des Parties,
» ou les fignifications dont les dates juftifieront,
» que les délais ci-deſſus prefcrits feront expirés,
» lefquelles pieces demeureront attachées fous le
» contre-fcel defdites lettres.

A R T I C L E   X X V I I.

Et où l'évoquant (1) ne rapporteroit
dans l'un ou l'autre des délais les Lettres
d'évocation & d'attribution de jurifdiction à la Cour dont on fera convenu, fera
loiſible à l'évoqué de les obtenir aux frais
de l'évoquant ; & à cet effet il fera inſéré
clauſe par les meſmes Lettres en forme
d'exécutoire de la fomme qui fera réglée
par les Lettres.

1. *Et où l'évoquant.*] L'article 46, du titre 1
de l'Ordonnance de 1737, porte » que, faute par

» l'évoquant d'avoir satisfait à l'article précé-
» dent dans l'un ou l'autre des délais qui y sont
» marqués, il sera loisible à l'évoqué d'obtenir
» aux frais de l'évoquant des lettres d'évocation
» confentie, lesquelles audit cas contiendront
» une claufe en forme d'exécutoire, pour la
» fomme qui fera réglée par lefdites lettres.

Article XXVIII.

Après l'évocation confentie, *fi les parties ne conviennent pas de Juges* (1) pour
le renvoi de leur procez, pourra l'une ou
l'autre faire donner affignation aux parties en noftre Confeil au mois ou à deux
mois, felon la diftance des lieux, pour
en convenir ; & fera l'affignation donnée
par exploit libellé mis au bas de la cédule
évocatoire, fans qu'il foit befoin d'Arreft,
Lettres, ni autre permiffion à cet effet,
nonobftant la difpofition de l'Article
XIII des Adjournements.

1. *Si les Parties ne conviennent pas de Juges.*]
L'article 53, du titre 1 de l'Ordonnance du
mois d'Août 1737, porte » que foit que le dé-
» fendeur à l'évocation ait dénié les parentés &
» alliances, ainfi qu'il a été dit ci-deffus, foit
» qu'en les conteftant, ou même fans les con-
» tefter, il ait foutenu dans fa réponfe à la cé-
» dule évocatoire, que l'affaire n'eft pas fujette
» à l'évocation, la partie la plus diligente pour-
» ra faire donner affignation à l'autre partie au
» Confeil, dans les délais portés par l'article 45,

B v

» (V. cet art. 45 , *suprà* , pag. 31 , aux notes fur
» l'art. 26) fans attendre qu'il ait été procédé à
» l'Enquête, ou à la contre-Enquête, dans les
» cas où il écherra d'en faire ; & que ladite affi-
» gnation fera donnée au domicile du Procureur
» de la partie affignée par Exploit libellé, qui
» fera mis au bas de la cédule évocatoire, fans
» qu'il foit befoin d'Arrêt, Lettres, ni autres
» commiffions ou permiffions à cet effet, &
» ce nonobftant la difpofition de l'article des
» Ajournements du titre 13 de l'Ordonnance
» de 1667.

Article XXIX.

Le femblable fera obfervé, lorfque
l'évoqué demeurant d'accord de fes parentez & alliances, foutiendra l'affaire
n'eftre fujette à évocation (1).

1. *N'être fujette à évocation*] Voyez l'article
53 , du titre 1 de l'Ordonnance de 1737 , en la
note précédente, page 33.
L'article 54 de la même Ordonnance, porte
» que fi le défendeur n'a point foutenu que
» l'affaire n'eft pas fujette à l'évocation, ni que
» les parentés & alliances aient été mal articu-
» lées , & qu'il fe foit réduit à propofer des ex-
» ceptions contre la Cour où le renvoi eft re-
» quis par la cédule évocatoire , ou contre
» celle où le renvoi doit être fait fuivant les ar-
» ticles 33 , 34 & 35, ci-deffus ; (V. ces arti-
» cles aux notes fur l'article 5 , pages 8 & fuiv.)
» il fera pareillement donné affignation au Con-
» feil , ainfi qu'il eft porté par l'article précé-
» dent, pour y être ftatué fur lefdites exceptions
» feulement , & fans qu'en ce cas ledit défen-

» deur puiſſe être reçu à piopoſer d'autres moyens
» ſur le fond de l'évocation.

Article XXX.

Si l'évoqué conteſte (1) le nombre &
les degrez des parentez & alliances articulées, l'évoquant ſera tenu trois jours
après la ſignification de la cédule évocatoire, de préſenter requeſte au premier
Maître des Requeſtes ordinaires de noſtre
Hôtel trouvé ſur les lieux, ou, en ſon
abſence, au Bailly ou Seneſchal du lieu
où le Parlement ſera établi, aux fins de
faire enqueſte des parentez & alliances,
à laquelle requeſte ſera attachée la cédule
évocatoire, & ſignification.

1. *Si l'évoqué conteſte,* &c.] *L'article* 47 du
titre 1 de l'Ordonnance du mois d'Août 1737,
porte que » lorſque l'évoqué aura conteſté en
» tout ou en partie le nombre & les degrés des
» parentés & alliances articulées, l'évoquant ſe-
» ra tenu trois jours après la ſignification de la
» réponſe du défendeur, contenant ſa dénéga-
» tion, de préſenter Requête au premier Maître
» des Requêtes ordinaires de l'Hôtel trouvé ſur
» les lieux. ſinon, en ſon abſence, au plus an-
» cien Officier du Bailliage où de la Sénéchauſ-
» ſée du lieu où la Cour dont on voudra évo-
» quer ſera établie, aux fins de faire Enquête
» deſdites parentés & alliances, à laquelle Re-
» quête ſeront attachées la cédule évocatoire ; la
» ſignification qui en aura été faite, & la réponſe
» du défendeur.

ARTICLE XXXI.

L'évoqué pourra faire une contre-enquête (1), & les parties se faire interroger respectivement sur faits & articles communiquez (2).

1. *L'évoqué pourra faire une contre-Enquête.*] L'article 49, du titre 1 de l'Ordonnance de 1737, porte que » l'évoqué pourra faire faire » de sa part une contre-Enquête, & que dans la » confection des Enquêtes & contre-Enquêtes, « feront observées les formalités prescrites par » l'Ordonnance de 1667, au titre des Enquêtes.

1. *Sur la fin de l'article.*] L'article 50, du titre 1 de la même Ordonnance de 1737, porte » que les parties pourront aussi se faire » interroger respectivement sur faits & articles » communiqués, & ce pardevant le Commis- » saire ci-dessus nommé, (en l'article 47, p. » 35) le tout sans retardation de la procédure, » & à la charge de se conformer pour ce qui re- » garde lesdits interrogatoires à ce qui est pres- » crit par le titre 10 de l'Ordonnance de 1667, » à l'exception néanmoins de ce qui regarde l'as- » signation pour répondre sur faits & articles, » laquelle sera donnée dans le cas du présent ar- » ticle au domicile du Procureur, sauf en cas » d'absence de la partie, à lui être accordé, » s'il y échet, par le commissaire ci-dessus » nommé, un délai compétent pour répondre » pardevant lui, ou autre Juge par lui com- » mis, sur lesdits faits & articles.

Article XXXII.

Les enqueftes, contre-enqueftes, &
interrogatoires, *feront faits dans quin-*
zaine (1) fans qu'après le délai expiré il
puiffe eftre accordé aux parties *qu'un feul*
renouvellement de délay (2) qui ne pourra eftre que de quinzaine, ni que pour
procéder aux enqueftes, contre-enqueftes & interrogatoires, il foit befoin d'obtenir Lettres, Arreft, ou autre permiffion, que celle qui fera accordée par le
Commiffaire.

1. *Seront faits dans quinzaine.*] L'article 51,
du titre 1 de l'Ordonnance de 1737, porte » que
» les Enquêtes, contre-Enquêtes & interrogatoi-
» res feront faits dans quinzaine, à compter
» du jour que la réponfe du défendeur conte-
» nant fa dénégation des parentés & alliances
» aura été fignifiée ; fans qu'après ce delai ex-
» piré il puiffe être accordé aux parties qu'un
» feul renouvellement de délai, qui ne pourra
» être que de quinzaine, ni que, pour procéder
» aux Enquêtes, interrogatoires fur faits &
» articles, il foit befoin d'obtenir Lettres,
» Arrêts, ou autre permiffion que celle qui
» fera accordée par le commiffaire.

2. *Qu'un feul renouvellement de délai.*] Cette
difpofition eft conforme à l'article 2 du titre 22
de l'Ordonnance de 1667.

Article XXXIII.

Les parties préfenteront leurs requeftes

(1) au Conseil pour faire commettre l'un des Maîtres des Requestes ordinaires de nostre Hôtel , & à son rapport leur estre fait droit , entre les mains duquel seront mises les requestes , les enquestes , contre-enquestes & autres pieces justificatives de leurs demandes , pour estre les évocations jugées sur ce qui aura esté mis pardevers le Rapporteur, *sans autre contestation , procez-verbaux* (2) , ordonnance de référé , appointement ou autre formalité ; sauf aux parties de donner leurs réponses dans trois jours pour tous délais après la communication qui aura esté donnée des requestes & pieces ; *& le délay passé* (3) , sera procédé au jugement de l'évocation , sans qu'il soit besoin de sommation ni commandement.

1. *Les Parties présenteront leurs Requêtes.*] L'article 55 du titre 1 de l'Ordonnance du mois d'Août 1737 , porte » dans le cas où il y » aura lieu de faire des Enquêtes , ou contre-En-» quêtes , & après l'expiration des termes pres-» crits pour y procéder , voulons que sans atten-» dre que les assignations mentionnées dans l'ar-» ticle précédent, c'est-à-dire par l'article 54, » (Voyez cet article aux notes sur l'article 29 ci-» dessus , pag. 34 ,) soient données ou échues , » les évoquans soient tenus de faire apporter au » Greffe du Conseil les Enquêtes & autres pro-» cédures faites à leur Requête , suivant ce qui » a été dit ci-dessus , & ce dans un mois au plus » tard , à compter du jour que le délai donné

» pour faire lefdites Enquêtes & procédures aura
» été expiré.

2. *Sans autre conteftation , Procès-verbaux ,
&c.*] L'article 52 du titre 1 de l'Ordonnance
de 1737 , » défend aux parties de faire à l'oc-
» cafion des cédules évocatoires aucunes pro-
» cédures autres que celles qui font ci - deffus
» marquées , & aux Juges mentionnés dans
» l'article 47, (V. *fuprà*, article 30, aux notes,
» pag. 35 ,) de dreffer à cette occafion aucun
» Procès - verbal des dires & conteftations des
» parties , à peine de nullité & de tous dépens,
» dommages & intérêts , dérogeant à cet effet à
» tous ufages contraires.

3. *Et le délai paffé.*] L'article 56 du titre
1 de la même Ordonnance de 1737 , porte » que
» faute par les évoquans d'avoir fait apporter
» dans lefdits délais leurs Enquêtes au Greffe du
» Confeil , les évoqués pourront huit jours après
» obtenir la levée des défenfes , & faire débou-
» ter les évoquans de leur évocation , par Arrêt
» fur Requête , en rapportant un certificat du
» Greffe , portant qu'il n'a été remis au Greffe
» du Confeil aucune Enquête ou autre procé-
» dure ; & qu'en conféquence dudit Arrêt , tou-
» tes les affignations , fi aucunes ont été don-
» nées par l'évoquant , demeureront nulles &
» de nul effet.

L'article 57 , porte » que les évoquans ne
» feront reçus à fe pourvoir par voie d'oppofi-
» tion ni de reftitution contre les Arrêts ainfi
» rendus.

A R T I C L E XXXIV.

Les parties ne feront plus reçues *à
fe pourvoir par reftitution* (1) contre les

Arrefts rendus par défaut ou congé en matiere d'évocation & de réglement de Juges ; mais feront tenues de *donner leur requefte en caffation* (2), s'il y échet, dans la quinzaine après que l'Arreft aura efté fignifié, & ne pourra la requefte eftre rapportée, qu'elle n'ait efté fignifiée trois jours avant le rapport, & copie donnée à l'Avocat qui aura figné la requefte fur laquelle l'Arreft dont on demandera la caffation fera intervenu, & que le tout n'ait efté communiqué à celuy des Maiftres des Requeftes ordinaires de noftre Hoftel, au rapport duquel l'Arreft aura efté rendu, & qu'il n'ait efté ouy, s'il eft à la fuite de noftre Confeil, fans qu'on puiffe alléguer ni recevoir pour moyens de caffation, que l'Arreft ait été rendu par défaut ou congé.

1. *A fe pourvoir par reftitution.*] L'article 58 du titre 1 de l'Ordonnance du mois d'Août 1737, porte » qu'après l'expiration des délais » des affignations, s'il y a lieu d'inftruire le » Procès au Confeil, l'inftruction fera faite » fommairement dans les formes prefcrites *par* » *les Réglemens dudit Confeil,* (a) & que les » parties qui auront laiffé juger lefdits Procès » par défaut ou congé, ne feront reçues à fe » pourvoir par oppofition ou reftitution contre » lefdits Arrêts, fauf à les attaquer par la voie » de la caffation, s'il y échet, dans les formes

» preſcrites par ledit Réglement & ſans qu'elles
» puiſſent alléguer pour moyen de caſſation ,
» que leſdits Arrêts ont été rendus par défaut ou
» par congé.

(*a*) *Par les Réglements dudit Conſeil.*] Ce Réglement eſt celui du 28 Juin 1738, qui établit
la procédure qui doit s'obſerver au Conſeil.
(Voyez ce réglement, part. 2, tit. 1 & ſuiv.)

2. *Donner leur requéte en caſſation.*] Voyez
ſur ces requêtes en caſſation, le même réglement du Conſeil du 28 Juin 1738, partie 1, tit.
4. (V. le nouveau recueil de réglements, tom. 3,
page 553.)

Article XXXV.

L'évoquant qui ſuccombera *ſera con-*
damné en trois cents livres d'amende (1) ,
moitié envers nous, & moitié envers la
partie : & celui *qui ſe déſiſtera de ſon*
évocation (2), ſans qu'il ſoit de nouveau
ſurvenu aucune des cauſes portées par
l'Article xiv, ſera condamné en trois
cens livres d'amende applicable, moitié à
nous, moitié à la partie, & l'un & l'autre
en tous les dépens qui ſeront taxez en
cas de déſiſtement par les Juges où le procès ſera pendant, qui paſſeront outre à
l'inſtruction & jugement du procez , ſans
qu'il ſoit beſoin d'aucunes Lettres ni Arreſt *de nouvelle attribution* (3).

1. *Sera condamné en trois cents livres d'amen-*
de.] L'article 79 du titre 1 de l'Ordonnance
du mois d'Août 1737, porte » que l'évoquant

» qui fuccombera en matiere civile ou crimi-
» nelle, de quelque maniere ou en quelques
» termes que la prononciation foit conçue, &
» pareillement celui qui fe défiftera de fon évo-
» cation fans qu'il foit furvenu de nouveau au-
» cune des caufes portées en l'article 18 de la
» préfente Ordonnance, (Voyez cet article 18,
» *fuprà*, article 14, aux notes, page 17,) fe-
» ront condamnés en tous les dépens, en trois
» cens livres d'amende envers Sa Majefté, & en
» cent cinquante livres envers la partie, lef-
» quelles amendes ne pourront être remifes ni
» modérées.

2 *Qui fe défiftera de fon évocation.*] A moins
que le défiftement ne foit caufé par le décès ou
la réfignation de quelque Officier de ceux qui
auront été cottés dans la cédule évocatoire, &
dont l'intérêt aura ceffé. (*Suprà*, article 14, en
la note, page 17.)

L'article 80, du titre 1 de l'Ordonnance de
1737, porte » que lorfque le défiftement porté
» par l'article précédent, aura été fignifié avant
» qu'il y ait eu aucune affignation donnée au
» Confeil en conféquence de la cédule évoca-
» toire, les dépens qui auront été faits à cette
» occafion feront taxés par la Cour où le procès
» fera pendant, & que l'amende portée par ledit
» article fera cenfée encourue en vertu de la pré-
» fente Ordonnance, fans qu'il foit rendu aucun
» jugement, & qu'en conféquence, elle fera em-
» ployée dans ladite taxe, & qu'il fera audit cas
» paffé outre & à l'inftruction & au jugement
» dudit procès en ladite Cour, fans qu'il foit be-
» foin d'obtenir aucunes Lettres ni Arrêt

L'article 81, porte » qu'en cas que le défifte-
» ment n'ait été fignifié que depuis les affigna-
» tions données au Confeil fur l'évocation, lef-
» dits dépens feront liquidés par l'Arrêt dudit

» Conseil, qui, en conséquence du désistement
» renverra les parties en la Cour où le procès
» sera pendant, pour y procéder comme avant
» la cédule évocatoire : lequel Arrêt condamnera
» en outre l'évoquant en l'amende portée par
» l'article 79. (Voyez cet article en la note 1 ,
» sur cet article , page 41.)

Voyez encore l'article 82 , ci-après en la note
2 , sur l'article 43 du présent titre.

3. *Sur la fin de l'article.*] L'article 83 , du
titre 1 de l'Ordonnance du mois d'Août 1737 ,
veut » que les condamnations d'amende qui se-
» ront prononcées au Conseil puissent être aug-
» mentées , notamment dans le cas de l'article
» précédent , c'est-à-dire de l'article 82 , (Voyez
» cet article en la note 2 , sur l'article 42 de ce
» titre,)lorsque les évoquans paroîtront mériter
» une condamnation plus rigoureuse pour indue
» vexation.

L'article 84 porte » que le Receveur des
» amendes ou du Domaine se chargera comme
» dépositaire , & sans aucuns droits ni frais , de
» celles qui auront été consignées , sans qu'ils
» puissent les employer en recette jusqu'au juge-
» ment définitif , après lequel elles seront ren-
» dues & délivrées à qui il appartiendra.

Article XXXVI.

Et quant aux procez criminels (1),
soit qu'il y ait partie civile ou non , les
Lettres d'évocation ne seront expédiées
nonobstant l'acquiescement & consentement des parties , sinon en justifiant , &
rapportant pareillement le consentement

par écrit *de nos Procureurs Généraux* (2);
& où ils auroient formé empefchement à
l'évocation, ils feront tenus de fournir
les raifons & moyens qui feront inférez
dans leurs réponfes à la fignification qui
leur fera faite ; quoy faifant fera délivré
commiffion à la partie qui le requerra
pour les faire affigner en noftre Confeil,
enfemble les autres parties pour procéder
fur leurs oppofitions.

1. *Et quant aux procès criminels.*] Cet article
& les fuivants reglent la procédure qui doit s'obferver dans les évocations en matiere criminelle.

L'article 59 du titre 1 de l'Ordonnance du
mois d'Août 1737, porte » que les regles & for-
» malités ci-deffus établies pour les évocations
» des affaires civiles, auront lieu pareillement
» pour celles qui feront demandées en matiere
» criminelle, lorfqu'il y aura une partie civile,
» à l'exception néanmoins de ce qui fera dit dans
» les articles fuivants. (Voyez ces articles dans
» la note qui fuit, & dans celles fur les articles
» fuivants.)

2. *De nos Procureurs Géné`aux.*] Parcequ'ils
font parties en ce qui concerne le crime, & que
c'eft à eux à en pourfuivre la vengeance.

L'article 61 du titre 1 de l'Ordonnance de
1737, porte » que les Procès criminels ne pour-
» ront être évoqués du chef des parents & alliés
» des Procureurs Généraux, lorfqu'ils ne feront
» parties que comme exerçant le miniftere pu-
» blic.

L'article 62 porte » qu'aucun accufé ne pour-
» ra évoquer du chef des parents ou alliés de
» ceux qui ne feront point parties au Procès,

3 encore qu'ils fuſſent intéreſſés à la punition du
3 crime ou du délit.

L'article 6 , porte 3 que les accuſés ne pour-
3 ront pareillement évoquer du chef des parents
3 ou alliés de leurs complices, ni du chef des
3 parents & alliés des ceſſionnaires des intérêts
3 civils.

L'article 64 , 3 déclare nulles & de nul effet
3 les cédules évocatoires, qui ſeroient ſignifiées
3 dans quelqu'un des cas portés par les trois ar-
3 ticles précédents , voulant que ſans y avoir
3 égard , il ſoit paſſé outre par les Cours à l'inſ-
3 truction & au Jugement des Procès-criminels,
3 comme avant la ſignification deſdites cédules
3 évocatoires.

Article XXXVII.

L'évoquant ſera tenu de faire pareille ſignification de la cédule évocatoire *à nos Procureurs Généraux* (1) lorſqu'il s'agira d'affaire criminelle, & les faire aſſigner pour procéder à l'enqueſte; à peine de nullité de l'évocation. Enjoignons à nos Procureurs Généraux d'y fournir de ré-ponſe dans quinzaine après trois ſomma-tions par trois jours conſécutifs , ſous telles peines qui ſeront *par nous ordon-nées* (2).

1. *A nos Procureurs Généraux.*] L'article 65 du titre 1 de l'Ordonnance du mois d'Août 1737, porte 3 que dans les Procès criminels, qui pour-
3 ront être ſujets à évocation à cauſe des paren-
3 tés & alliances de la partie civile , les évo-
3 quans ſeront tenus de ſignifier aux Procureurs

» Généraux, dans les Cours dont l'évocation
» sera demandée, leurs cédules évocatoires,
» comme aussi de leur faire faire une sommation
» d'assister à l'Enquête, en cas qu'il y soit pro-
» cédé, & de leur faire signifier ladite Enquête
» dès qu'elle sera faite, le tout à peine de nul-
» lité desdites cédules évocatoires ; enjoint aux
» Procureurs Généraux d'envoyer à M. le Chan-
» celier, dans la quinzaine du jour de la signi-
» fication desdites Enquêtes, ou desdites cédu-
» les évocatoires dans les cas où il n'auroit été
» procédé à l'Enquête, leur consentement aux-
» dites évocations, ou leurs moyens pour les
» empêcher, le tout par forme d'avis, & sans
» qu'ils puissent être assignés & rendus parties
» dans lesdites instances d'évocation : & que
» faute par eux d'envoyer ledit avis dans ledit
» délai, il y sera pourvu par le Conseil, ainsi
» qu'il appartiendra.

2. *Sur la fin de l'article.*] L'article 66 du titre 1 de l'Ordonnance de 1737, porte » que
» les lettres d'évocation consentie, ne pourront
» pareillement être expédiées, nonobstant l'ac-
» quiescement par écrit des accusés & des par-
» ties civiles, que sur le vû du consentement
» par écrit des Procureurs Généraux ou de leur
» avis, suivant ce qui est porté par l'article pré-
» cédent.

Article XXXVIII.

Les accusez contre lesquels (1) *originairement il y aura decret* (2) *de prise
de corps, ne pourront signifier ni s'aider des cédules évocatoires,* qu'auparavant ils ne soient actuellement en estat (3)
ès prisons des Juges desquels ils préten-

dront évoquer , dont il fera fait mention
dans les cédules évocatoires par claufes
expreffes, *& feront tenus d'en faire appa-*
roir au Juge (4) qui fera l'enquefte par
l'extrait du regiftre de la geole en bonne
& deue forme , attefté par le Juge ordinaire des lieux , joint aux cédules évocatoires ; & jufques à ce toute audience
leur fera déniée, & fera paflé outre à
l'inftruction & jugement des procès criminels , fans que les accufez fe puiffent
pourvoir en noftre Confeil par caffation
ou autrement contre les Arrefts qui feront
intervenus pour raifon de ce , fous prétexte de procédures attentatoires.

1. *Les accufés contre lefquels.*] L'article 6⊙
du titre 1 de l'Ordonnance du mois d'Août
17{7 , porte » que les Accufés contre lefquels il
» y aura un décret de prife-de-corps fubfiftant
» & non purgé , ne pourront fignifier aucune
» cédule évocatoire , ni s'en fervir fur quelque
» prétexte que ce foit , s'ils ne font actuellement
» en état dans les prifons des Juges dont le dé-
» cret eft émané , ou dans celles de la Cour
» dont ils veulent évoquer ; & qu'il en fera fait
» mention dans les cédules évocatoires , avec
» lefquelles il fera donné copie de l'écrou , qui
» fera attefté par le Juge ordinaire des lieux ,
» quand l'Accufé fe fera remis dans d'autres Pri-
» fons que celles de la Cour d'où il prétend évo-
» quer ; & que lefdits Accufés feront pareille-
» ment tenus de faire apparoir dudit écrou au
» Juge qui fera l'Enquête , en cas qu'il y foit

» procédé : veut que jufqu'à ce qu'ils aient fa-
» tisfait au contenu dans le préfent article, il
» ne puiffe être procédé à aucunes pourfuites
» ni procédures fur l'évocation, & qu'il foit
» paflé outre à l'inftruction & au Jugement des
» Procès criminels, fans que les accufés puiffent
» fe pourvoir au Confeil par voie de caffation
» ou autrement contre les Arrêts même définitifs
» qui feroient intervenus fur lefdits Procès,
» lefquels audit cas ne pourront être réputés
» attentatoires.

2. *Originairement il y aura décret, &c.*] Un Accufé eft décrété originairement de prife de corps, lorfque le premier décret décerné contre lui eft un décret de prife de corps, à la différence de ceux qui ne font ainfi décrétés que par converfion de décret, faute d'avoir comparu à un ajournement perfonnel. (V. l'Ordon. de 1670, titre 10, art. 4.)

3. *Qu'auparavant ils ne foient actuellement en état ès prifons.*] V. ci-après, titre 3, des Réglements de Juges en matiere criminelle, art. 4, pag. 79.

4. *Et feront tenus d'en faire apparoir au Juge.*] Il faudra auffi les fignifier à la partie civile, s'il y en a une. (V. ci-après le même titre 3, art. 4.)

Article XXXIX.

Pendant l'inftance d'évocation (1) *l'in*ftruction des procez criminels *fera conti**nuée* (2) jufques à jugement diffinitif exclufivement, & fans que pendant ce tems ils puiffent eftre civilifez.

1. *Pendant l'inftance d'évocation*] L'article 67 du titre 1 de l'Ordonnance du mois d'Août

1737., porte » que l'instruction des Procès cri-
» minels, dans les cas même où ils peuvent être
» sujets à l'évocation, sera continuée jusqu'au
» jugement définitif exclusivement, nonobstant
» toutes cédules évocatoires signifiées ; ce qui
» aura lieu pareillement pendant le cours de
» l'instance d'évocation, sans que ladite instruc-
» tion puisse être suspendue ni retardée, ni que
» les procès criminels puissent être civilisés avant
» qu'il ait été statué sur l'évocation.

2. *Sera continuée.*] Il en est autrement en matiere civile, où l'évocation arrête la procédure.
(V. *infrà*, art. 41, pag. 50.)

Article XL.

Deffendons à tous Procureurs (1) de
faire signifier aucunes cédules évocatoires pour raison des parentez & alliances,
sans avoir une procuration spéciale à cet
effet, passée pardevant Notaires, dont ils
seront tenus de donner copie, à peine de
nullité, soixante livres d'amende, dépens, dommages & intérests en leurs
noms.

1. *Défendons à tous Procureurs.*] L'article 38
du titre 1 de l'Ordonnance de 1737, » défend à
» tous Procureurs de faire signifier aucunes cé-
» dules évocatoires pour raison de parentés &
» alliances, sans avoir une procuration spéciale
» passée à cet effet pardevant Notaires, & de
» laquelle il restera minute, dont ils seront tenus
» de joindre la copie à la signification desdites
» cédules évocatoires, ce qui sera observé à pei-
» ne de nullité, soixante livres d'amende, dom-

C

» mages & intérêts, à quoi lefdits Procureurs
» feront condamnés en leur nom, fans néan-
» moins que ladite procuration fpéciale foit né-
» ceffaire, lorfque leurs parties feront préfen-
» tes, & figneront avec eux l'original & la co-
» pie de la cédule évocatoire.

L'article 39, veut » que faute d'avoir fatisfait
» aux formalités prefcrites par l'Article précé-
» dent, il foit paffé outre par les Cours à l'inf-
» truction & au jugement des caufes & procès
» qui y font pendants, nonobftant les cédules
» évocatoires qui auroient été fignifiées.

ARTICLE XLI.

Si au préjudice de l'évocation *les procédures font continuées* (1) en matiere civile, & le procez jugé diffinitivement en
matiere criminelle, il y fera pourvu par
noftre Confeil, & les procédures attentatoires remifes ès mains de celui des Maîtres des Requeftes qui aura efté commis
pour le rapport du principal, & non d'autre : Et ne pourra la Requefte eftre rapportée, qu'elle n'ait été fignifiée à l'Avocat
de la partie adverfe, & copie donnée
des pieces juftificatives trois jours avant
le rapport qui en fera fait.

(1. *Les procédures font continuées.*) L'Article
35 du titre 1 de l'Ordonnance de 1737, porte
que » dans tous les cas autres que ceux où il eft
» permis de paffer outre à l'inftruction & au ju-
» gement, nonobftant toutes fignifications de
» cédules évocatoires, fuivant ce qui eft porté

» par les Articles 26. (*suprà* Article 17 aux no-
» tes p. 21.) 39, (*suprà* art. 40 aux notes, p.
» 50.) 40, (*infrà* art. 47 aux notes, p. 59) 60,
» (*suprà* art. 38 aux notes, p. 47.) 64, (*suprà*
» art. 36 aux notes, p. 45 ; & 70. (*infrà* art. 43
» aux notes, p. 54, & par les Articles 77, 78.
» (*infrà* art. 42 aux notes, p. 51 & 52.) 80,
» *suprà* art. 35 aux notes, p. 42.) si les procé-
» dures étoient continuées en matiere civile, ou
» le procès jugé définitivement en matiere cri-
» minelle, au préjudice de la cédule évocatoire
» duement signifiée, il y sera pourvu au Conseil
» dans les formes ordinaires.

Article XLII.

Lorsque l'évocation aura esté demandée (1) & acceptée par écrit par toutes les parties, elles ne seront plus recevables à s'en désister ; mais seront tenues de procéder au Parlement dont elles *auront convenu* (1).

1. *Lorsque l'évocation aura été demandée*] L'Article 76 du titre 2 de l'Ordonnance du mois d'Août 1737 porte » lorsque l'évocation aura
» été demandée & acceptée par écrit de la part
» de toutes les parties, aussi bien que le ren-
» voi en une autre Cour, il ne leur sera plus
» permis de varier, & qu'elles seront tenues de
» procéder en celle des Cours dont elles seront
» convenues.

2 *Sur la fin de l'Article.*] L'Article 77 du titre 1 de la même Ordonnance de 1737 porte que » ceux qui auront été déboutés de leur de-
» mande en évocation par Arrêt du Conseil, ou

» qui ayant feulement fait fignifier une cédul
» évocatoire, fe trouveront dans un des cas ci
» deffus marqués où il y aura lieu de paffer ou
» tre nonobftant toutes cédules évocatoires, n
» pourront en faire fignifier aucune autre dan
» la même affaire & entre les mêmes parties
» fait défenfes aux Cours d'avoir égard aufdites
» nouvelles cédules évocatoires, qui font dé
» clarées nulles & de nul effet par ledit Article;
» veut qu'il foit paffé outre à l'inftruction & au
» jugement, ainfi que lefdites Cours l'auroient
» pu faire avant la fignification defdites nouvel-
» les cédules évocatoires, pour raifon de quoi
» elles pourront condamner les évoquans en
» l'amende telle qu'elle eft reglée par l'art. 79.
» (V. *fuprà* art. 35 aux notes, p. 41) & en
» tous les dépens, dommages & intérêts.

L'article 78 ajoute : N'entendons néanmoins
» empêcher, que fi dans les affaires fufcepti-
» bles d'évocation, il étoit furvenu de nou-
» velles parentés & alliances à l'égard des mê-
» mes parties, ou de celles qui auroient été de-
» puis reçues parties intervenantes, il ne puiffe
» être fignifié une nouvelles cédule évocatoire,
» même de la part de la partie qui aura fuccom-
» bé dans la premiere évocation; & feront les
» Cours tenues d'y déférer, pourvu que la nou-
» velle cédule évocatoire faffe mention expreffe
» des nouvelles parentés & alliances, faute de
» quoi lefdites Cours pourront paffer outre à
» l'inftruction & au jugement, ainfi qu'il a été
» dit ci-deffus.

Ces deux Articles font conformes à la Déclaration du Roi du 28 Mars 1728, qui renferme
à-peu près la même difpofition.

Article XLIII.

Lorsqu'aucun des Officiers estant du corps de nos Parlemens ou autres nos Cours, aura sollicité les Juges en personne, consulté & fourni aux frais d'un procez lequel y sera pendant, *il sera censé en avoir fait son fait propre* (1), & sera la partie qui l'articulera, recevable à en faire preuve par témoins, & à demander l'évocation du procez de son chef, s'il a nombre suffisant de parents ou alliez aux degrez cy-dessus; & sera l'évocation instruite & jugée avec toutes les parties, après néantmoins que le fait propre *aura esté reçu par Arrest* (2.) rendu sur requeste délibérée en nostre Conseil.

1. *Il sera censé en avoir fait son fait propre.*] L'article 68, du titre 1 de l'Ordonnance du mois d'Août 1737, porte » qu'aucun Officier » des Cours étant du nombre de ceux qui sont » mentionnés en l'article 11 de la présente Or- » donnance, (*suprà*, article 8 aux notes, page » 12,) ne pourra être réputé avoir fait son fait » propre d'une cause ou d'un procès qui y sera » pendant, s'il n'a sollicité les Juges de la Com- » pagnie en personne, consulté & fourni aux » frais de ladite cause ou dudit procès. Voulant » S. M. que la partie qui demandera à en faire » la preuve pour évoquer sur ce fondement du » Chef dudit Officier, ne puisse y être admise, » si elle n'articule en même tems lesdites trois » circonstances dans sa requête ; & que ledit

» Officier ne puisse être jugé avoir fait son fait
» propre de ladite affaire, si la preuve desdites
» trois circonstances n'est rapportée lors du juge-
» ment de l'instance d'évocation.

2. *Aura été reçu par Arrêt , &c.*] L'article
69 du titre 1 de l'Ordonnance de 1737 , porte
» que la demande à fin d'être reçu à faire la
» preuve du fait propre, ne pourra être admise
» que par Arrêt rendu sur requête délibérée au
» Conseil de S. M. sans que les Cours où le pro-
» cès sera pendant, puissent sous quelque pré-
» texte que ce soit, accorder aucun délai pour
» obtenir cet Arrêt, ni que, sur la simple a'léga-
» tion du fait propre, il puisse être signifié au-
» cune cédule évocatoire du chef dudit Officier,
» avant que ledit Arrêt ait été obtenu, s'il y
» échet.

L'article 70 , ajoute » que lorsqu'il y aura lieu
» d'accorder ledit Arrêt , tous les faits articulés
» pour établir le fait propre, y seront énoncés,
» notamment les trois circonstances marquées
» par l'article 68. (Voyez cet article en la note
» précédente, p. 53 ,) & que jusqu'à ce que ledit
» Arrêt ait été rendu & signifié avec ladite cé-
» dule évocatoire, les Cours pourront passer
» outre à l'instruction & au jugement du pro-
» cès.

L'article 71 , porte » que lorsqu'il y aura lieu
» de recevoir l'allégation du fait propre, la
» preuve par témoins en sera ordonnée, & que
» par le même Arrêt qui interviendra à cet ef-
» fet, il sera permis aux parties qui ont intérêt
» d'empêcher l'évocation du chef de l'Officier
» contre lequel le fait propre est allégué, de fai-
» re la preuve du contraire, si bon leur semble,
» laquelle preuve pourra aussi être admise en fa-
» veur dudit Officier, pourvu qu'il présente sa
» Requête au Conseil dans le mois du jour de

» la fignification faite à la partie de l'Arrêt qui
» aura ordonné la preuve dudit fait propre.

L'article 72, porte » qu'après la fignification
» dudit Arrêt, enfemble de la cédule évocatoire
» du chef dudit Officier, qui fera fignifiée en
» même-tems à peine de nullité, toutes pour-
» fuites & procédures cefferont dans la Cour
» où le procès fera pendant, fi ce n'eft dans les
» cas ci-deffus marqués, où les Cours peuvent
» paffer outre à l'inftruction & au jugement du
» procès, nonobftant toutes cédules évocatoi-
» res.

L'article 73 veut » que celui qui aura été
» admis à la preuve du fait propre, foit tenu de
» la rapporter, quand même fa Partie adverfe
» garderoit le filence, & ne dénieroit point les
» faits articulés par le demandeur, lequel ne
» pourra être difpenfé d'en faire la preuve qu'au
» cas que le défendeur reconnoiffe expreffément
» par écrit la vérité defdits faits.

L'article 74, porte » que lorfque le fait pro-
» pre aura été prouvé, les mêmes regles & for-
» malités qui ont été établies fur les évocations
» du chef d'une des parties qui feroit Officier de
» la Cour dont l'évocation eft demandée, & de
» fes parents & alliés, feront obfervées par rap-
» port à l'évocation du chef de celui dont le fait
» propre aura été prouvé, & de fes parents &
» alliés.

L'article 82, porte » que ceux qui voudront
» articuler le fait propre des Officiers des Cours,
» ainfi qu'il a été dit ci-deffus, feront tenus de
» configner préalablement la fomme de cent
» cinquante livres, & d'en joindre la quittance
» à leur Requête ; défend à tous Avocats au
» Confeil, à peine d'être condamnés en cent li-
» vres d'amende, de figner de pareilles Requê-
» tes, à moins que ladite quittance n'y foit atta-

» chée ; & qu'en cas que la preuve du fait pro-
» pre ne soit pas admise, ou qu'elle ne soit pas
» rapportée, ou qu'elle soit jugée insuffisante,
» le demandeur sera condamné en cent cin-
» quante livres d'amende, y compris les cent
» cinquante livres consignées, le tout applica-
» ble suivant l'article 79, (*suprà*, art. 35, aux
» notes, p. 41,) & à tous les dépens, même en
» telles réparations, dommages & intéréts qu'il
» sera jugé nécessaire, soit envers la partie, ou
» à l'égard de l'Officier dont le fait propre aura
» été allégué sans fondement.

Article XLIV.

On ne pourra évoquer des Présidiaux
(1), soit en matiere civile ou criminelle, si ce n'est que la partie y fût Officier,
ou qu'elle y eût *son pere, son fils ou son*
frere (2) auquel cas le procez *sera ren-*
voyé au plus prochain Siege Présidial (3)
à la simple réquisition.

1. *On ne pourra évoquer des Présidiaux.*] L'article 87, du titre 1 de l'Ordonnance du mois
d'Août 1737, porte » qu'on ne pourra évoquer
» des Présidiaux que dans les cas seulement où
» les Ordonnances les autorisent à juger en der-
» nier ressort, ausquels cas l'évocation pourra
» être demandée, si l'une des parties est Officier
» dans le Présidial : ou si elle y a son pere, son
» fils, ou son frere, sans qu'aucun des alliés,
» ni aucun autre parent puissent donner lieu à
» ladite évocation.

1. *Son pere, son fils ou son frere.*] Non le beau-
pere, le gendre & le beau-frere.

3. *Sera renvoyé au plus prochain Siege Préfi-dial.*] Dans les Préfidiaux où il y a diverfes Chambres, comme à Paris & à Touloufe, on ne doit point renvoyer d'une Chambre à l'autre; mais il faut renvoyer au plus prochain Préfidial. (Voyez Mainard en fes Queftions, liv. 1, cha-pitre 82.)

L'article 88, du titre 1 de l'Ordonnance du mois d'Août 1737, porte que » l'évocation (du-» dit Siege Préfidial) fera demandée par une fim-» ple Requête qui fera fignifiée à l'autre partie, » pour y être enfuite ftatué fans autre formalité, » fauf l'appel au Parlement du Reffort; & que » fi ladite évocation fe trouve bien fondée, la » conteftation fera renvoyée au plus prochain » Préfidial non fufpect.

L'article 89 porte : » Seront au furplus fuivies » & exécutées pour lefdites évocations des Pré-» fidiaux, toutes les regles prefcrites par la pré-» fente Ordonnance, foit fur ceux qui ne peu-» vent donner lieu à l'évocation, foit fur la na-» ture des affaires qui fe peuvent évoquer, foit » fur les différens cas où les évocations doivent » être admifes.

L'article 90, porte » qu'à l'égard des affaires » qui ne font pas de nature à être jugées en der-» nier reffort par les Préfidiaux où elles auroient » été portées, ou qui feroient pendantes dans un » fimple Bailliage, ou Sénéchauffée, ou Prévôté, » & autre Siege inférieur, S. M. n'entend em-» pêcher que le renvoi n'en puiffe être fait par » les Cours dans d'autres Jurifdictions, lorfque » par le nombre des parents & alliés de l'une des » Parties, ou par d'autres circonftances, il y » aura des fufpicions qui feront jugées fuffifan-» tes; ce que Sa Majefté laiffe à la prudence def-» dites Cours.

C v

ARTICLE XLV.

Si dans les Compagnies femeſtres ou my-parties, en conféquence des partages d'opinions, ou de récuſation, *il ne reſtoit plus nombre ſuffiſant de Juges* (1) pour ſe départir ou pour juger; en ces cas rapportant par l'une des parties certificat des Greffiers ſur le fait du partage ou du nombre des Juges, ſeront Lettres d'évocation accordées avec renvoy, ſçavoir pour les Compagnies femeſtres en celuy des femeſtres qui n'en aura pas connu; *& pour les chambres my-parties* (2), en une autre Chambre non ſuſpecte ni exceptée.

1. *Il ne reſtoit plus nombre ſuffiſant de Juges.*] L'article 91, du titre 1 de l'Ordonnance de 1737, porte »» que lorſqu'à cauſe des partages »» d'opinions, ou à cauſe des récuſations, il ne »» reſtera dans les Compagnies femeſtres un nom- »» bre ſuffiſant de Juges pour vuider le partage »» ou pour juger le procès, ledit partage ou le »» jugement ſeront dévolus de plein droit au fe- »» meſtre qui n'en aura pas connu, lequel pourra »» s'aſſembler, même hors le temps ordinaire de »» ſon ſervice, ſans qu'il ſoit beſoin d'obtenir »» lettres à cet effet.

2. *Et pour les Chambres mi-parties.*] Voyez la note ſur l'article 10, ci-deſſus, pag. 14.

ARTICLE XLVI.

Les Procez évoquez (1) feront jugez
par les Juges pardevant lefquels le renvoy en a efté fait, fuivant les coutumes
des lieux d'où les procez auront efté
évoquez, à peine de nullité & caffation des Jugements & Arrefts qui auront
efté rendus ; pour raifon dequoy les
parties fe pourront pourvoir en noftre
Confeil.

1. *Les procès évoqués*] L'article 92, du titre 1
de l'Ordonnance du mois d'Août 1737, porte
auffi » que les caufes & procès évoqués feront
» jugés par les Cours aufquelles le renvoi en
» aura été fait, fuivant les Loix, coutumes &
» ufages des lieux d'où ils auront éré évoqués,
» à peine de nullité des jugements & Arrêts qui
» feroient rendus au contraire ; pour raifon de
» quoi les parties pourront fe pourvoir parde-
» vers Sa Majefté en fon Confeil.

ARTICLE XLVII.

On ne pourra faire fignifier aucune
cédule évocatoire *quinzaine avant la fin
des Parlemens* (1), & des femeftres à
l'égard des Compagnies qui fervent par
femeftres.

1. *Quinzaine avant la fin de Parlements.*]
L'article 40, du titre 1 de l'Ordonnance de

1737 , porte ͳ qu'on ne pourra faire fignifier au-
ͳ cunes cédules évocatoires , quinzaine avant la
ͳ fin des féances des Cours , & de celles des
ͳ femeftres pour les Compagnies qui fervent
ͳ par femeftres ; & que fi aucunes cédules évo-
ͳ catoires étoient fignifiées dans le cours de la-
ͳ dite quinzaine , il fera pareillement paffé ou-
ͳ tre fans s'y arrêter , à l'inftruction & au juge-
ͳ ment des caufes & procès.

    L'article dernier du titre 3 de la même Ordon-
nance de 1737 , marque ͳ que ladite Ordonnance
ͳ eft pour tenir lieu à l'avenir des difpofitions
ͳ contenues dans les titres 1 , 2 & 3 de l'Ordon-
ͳ nance du mois d'Août 1669 , aufquelles à cet
ͳ effet Sa Majefté a dérogé & déroge en tant que
ͳ befoin feroit.

TITRE SECOND.

Des Réglemens de Juges en matiere civile.

IL y a cette différence entre les évocations
mentionnées au titre précédent & les Réglements de Juges, que les évocations font fondées
fur les parentés & alliances qu'une des parties a
en la Cour ou Jurifdiction en laquelle l'affaire
eft pendante , au lieu que les Réglemens de Juges font fondés fur les conflits de Jurifdiction
qui furviennent entre deux Cours ou Jurifdictions inférieures indépendantes l'une de l'autre , & non reffortiffantes en une même Cour ,
qui font faifies toutes les deux d'un même différend.

Article I.

Il y aura réglement de Juges (1) lorfque deux de nos Cours & *autres Jurifdic-*
tions inférieures (2) indépendantes l'une
de l'autre, & non reffortiffantes en mefme Cour, feront faifies d'un mefme différend : & rapportant par l'une ou l'autre
des parties en noftre Chancellerie ou en
noftre Confeil, les exploits qui leur auront efté donnés ès deux différentes Jurifdictions, permiffion leur fera accordée par Lettres ou par Arrefts, de faire
affigner les parties en noftre Confeil *pour*
eftre réglées de Juges. (3)-

1. *Il y aura Réglement de Juges.*] L'article 1,
du titre 2 de l'Ordonnance du mois d'Août
1737, porte ›› que lorfque deux Cours ou deux
›› Jurifdictions inférieures indépendantes l'une
›› de l'autre, & non reffortiffantes en même Cour,
›› feront faifies d'un même différend, les parties
›› pourront fe pourvoir en réglement de Juges,
›› & fur le vû des exploits qui leur auront été
›› donnés dans lefdites Jurifdictions, il leur fera
›› expédié des Lettres en la grande Chancellerie,
›› portant permiffion de faire affigner les parties
›› au Confeil ; ou accordé un Arrêt fur leur Re-
›› quête, par lequel il fera ordonné que ladite
›› Requête fera communiquée aufdites parties,
›› pour être ftatué fur le Réglement de Juges,
›› ainfi qu'il appartiendra.

2. *Et autres Jurifdictions inférieures, &c.*] Par
exemple, entre le Châtelet de Paris & l'Elec-

tion de la même ville, &c. Lorsque les Jurisdictions, quoique saisies d'un même différend, ressortissent en la même Cour, les contentions se réglent par la voie d'appel en la Cour supérieure. (Voyez *infrà* titre 3 des Réglements de Juges en matiere criminelle, article 5, pag. 81.)

3. *Sur la fin de l'Article.*] L'article 2, du titre 2 de l'Ordonnance du mois d'Août 1737, porte » que lesdites Lettres ou ledit Arrêt pourront être accordés, encore que celui qui les » demande ne rapporte point d'Arrêt qui le dé- » charge de l'assignation à lui donnée dans la Cour » ou Jurisdiction qu'il décline.

L'article 3, porte » que si néanmoins les dé- » lais de l'assignation donnée par ledit deman- » deur en la Cour ou Jurisdiction qu'il prétend » être compétente, n'étoient pas encore expirés » lorsqu'il a obtenu & fait signifier lesdites Let- » tres ou ledit Arrêt, & que la partie assignée » déclare avant ladite signification, ou lors d'i- » celle, qu'elle consent procéder en ladite Cour » ou Jurisdiction, ledit demandeur ne pourra » répéter contre elle les frais de l'obtention ou » signification desdites Lettres ou dudit Arrêt.

L'article 4 porte » que lorsque la même par- » tie aura été assignée à la Requête de deux au- » tres parties dans différentes Cours, ou dans » deux Jurisdictions de différents Ressorts, pour » la même contestation, elle ne pourra se pour- » voir en Réglement de Juges, qu'après avoir » dénoncé ausdites parties les poursuites faites » contre elle en différents Tribunaux, avec som- » mation de les réunir dans un seul, au moyen » de laquelle dénonciation, & un mois après » qu'elle aura été faite, elle pourra obtenir des » Lettres ou un Arrêt pour former le Réglement » de Juges.

Article II.

Les Lettres feront rapportées (1) au
Sceau par les Maiftres des Requeftes ordinaires de noftre Hoftel, ou grands
Rapporteurs, efquelles fera fait mention
du nom du Rapporteur, qui les fignera
en queuë après qu'elles auront efté accordées.

2. *Les Lettres feront rapportées, &c.*] L'article
5, du titre 2 de l'Ordonnance de 1737, porte
» que les Lettres feront rapportées au Sceau par
» les Maîtres des Requêtes ordinaires de l'Hôtel,
» ou par les grands Rapporteurs, & qu'il y fera
» fait mention du nom de celui qui les aura rap-
» portées, lequel les fignera en queue après
» qu'elles auront été rapportées.

Article III.

Faifons deffenfes à nos Secrétaires de
figner aucunes Lettres en réglement de
Juges, & de les préfenter au Sceau, *fi
elles ne contiennent élection de domicile* (1)
en la perfonne de l'un des Avocats en
nos Confeils, à peine de nullité des Lettres, & de demeurer refponfable par
noftre Secrétaire des dépens, dommages
& intérefts des parties en fon nom.

2. *Si elles ne contiennent élection de domicile.*]
L'article 6, du titre 2 de l'Ordonnance du mois

d'Août 1737, » fait auſſi défenſes aux Secrétai-
» res du Roi de ſigner aucunes Lettres de Régle-
» ment de Juges, ſi elles ne contiennent élection
» de domicile en la perſonne de l'un des Avocats
» au Conſeil, qui ſera chargé d'occuper pour
» l'impétrant, à peine de nullité des Lettres, &
» d'être leſdits Secrétaires reſponſables en leur
» nom de tous les dépens, dommages & intérêts
» des parties ; laquelle élection de domicile ſera
» pareillement faite dans les Requêtes préſentées
» pour former le Réglement de Juges par Arrêt ;
» & ſeront leſdites Requêtes ſignées de l'Avocat
» qui ſe conſtituera ; le tout à peine de nullité.

Article IV.

Les Lettres en réglement de Juges (1)
feront mention des aſſignations ſur leſquelles elles ſeront fondées, & demeurera le tout attaché ſous le contreſcel
pour en laiſſer copie à la partie, conjointement avec l'aſſignation qui lui ſera
donnée en noſtre Conſeil.

1. *Les Lettres en Réglement de Juges, &c.*]
L'article 7, du titre 2 de la même Ordonnance
de 1737, porte » que les Lettres ou Arrêt qui in-
» troduiront le Réglement de Juges, feront men-
» tion des aſſignations ou des jugements ſur leſ-
» quels le conflit aura été formé ; & que leſdites
» pieces ſeront attachées ſous le contre-ſcel deſ-
» dites Lettres, ou de la commiſſion priſe ſur
» ledit Arrêt, pour en être laiſſé copie à la partie ;
» le tout à peine de nullité.

Article V.

Les Commissions *porteront clause de surséance* (1) des poursuites en toutes les Jurisdictions saisies du différend des parties pendant le délay accordé pour donner les assignations ; & sera porté, qu'à faute de les faire donner dans le delay, les deffenses demeureront levées & oftées; & courra le temps porté par les Lettres du jour & date de l'expédition.

1. *Porteront clause de surséance.*] L'article 8, du titre 2 de l'Ordonnance du mois d'Août 1737, porte » que les Lettres ou l'Arrêt porteront clause » de surséance à toutes poursuites & procédures » dans les Jurisdictions saisies du différend des » parties.

Article VI.

Les délais pour donner les assignations (1) seront réglez par les Lettres, sans néantmoins qu'ils puissent estre que de deux mois au plus.

1. *Les délais pour donner les assignations , &c.*] La partie assignée peut anticiper ces délais. (*Infrà* , art. 9.)

L'article 9, du titre 2 de l'Ordonnance du mois d'Août 1737 , porte » que lesdites Lettres » ou ledit Arrêt seront signifiés dans les délais » ci-après marqués , savoir de deux mois à l'é- » gard des parties domiciliées dans le ressort

» des Parlements ou autres Cours de Langue-
» doc, Pau, Guienne, Aix, Grenoble, Befan-
» çon, Metz & Bretagne, ou Confeils fupé-
» rieurs de Rouffillon & d'Alface ; & d'un mois
» pour les parties domiciliées dans les reſſorts
» des Parlements & autres Cours de Paris,
» Rouen, Dijon, Douai, & Confeil Provincial
» d'Artois, en ce qui concerne la Jurifdiction
» criminelle dans les cas où il a droit de connoî-
» tre en dernier reſſort, à la réferve toutefois
» des parties domiciliées dans la ville de Paris,
» ou dans les dix lieues à la ronde, à l'égard deſ-
» quelles le délai de l'affignation ne fera que de
» quinzaine.

L'article 10, porte » que tous les délais mar-
» qués en l'article précédent courront du jour &
» date des Lettres ou de l'Arrêt.

Article VII.

Du jour de l'affignation qui fera donnée en noſtre Confeil *toutes pourfuites
demeureront furfifes* (1) en toutes les Jurifdictions qui feront faiſies des différends des parties, à peine de nullité,
caffation des procédures, foixante quinze
livres d'amende envers la partie, & des
dépens, dommages & intérefts.

1. *Toutes pourfuites demeureront furfifes.*] Il
en eft encore autrement en matiere criminelle.
(V. *Infrà* titre 3 des Réglements de Juges en matiere criminelle, article 2, pag. 77.)

L'article 14, du titre 2 de l'Ordonnance du
mois d'Août 1737, porte » que lorfque le de-
» mandeur fe fera conformé à la difpofition des

» articles 9 , 10 , 11 & 12 , (ci-deſſus , article 7
» & 8 , aux notes , pag. 65 & 66 ; *infrà* article
» 8 , aux notes , p. 68 ,) toutes pourſuites demeu-
» reront ſurſiſes dans toutes les Juriſdictions qui
» feront ſaiſies des différends des parties , à comp-
» ter du jour de la ſignification des Lettres , ou
» de l'Arrêt dans la forme ci-deſſus marquée ; &
» que ladite ſurſéance aura lieu à peine de nulli-
» té , caſſation des procédures , ſoixante-quinze
» livres d'amende envers la partie , & de tous
» dépens , dommages & intérêts.

L'article 15 . porte » qu'en cas que le deman-
» deur en Réglement de Juges ſe trouve avoir
» fait quelques pourſuites ou procédures de-
» puis la date des Lettres ou de l'Arrêt par lui
» obtenu pour l'introduire , & avant la ſignifi-
» cation deſdites Lettres ou dudit Arrêt , le dé-
» fendeur pourra en tout état de cauſe ſe pour-
» voir au Conſeil pour en demander la nullité ,
» & qu'il y ſera ſtatué ſur ſa Requête , ainſi qu'il
» appartiendra.

L'article 16 , porte : » N'entendons néan-
» moins comprendre ſous le nom des pourſuites
» & procédures dans les deux articles précédents ,
» les Actes ou procédures purement conſervatoi-
» res , tels que les repriſes d'inſtance , les ſai-
» ſies en vertu de titres exécutoires , oppoſitions
» aux décrets , ſcellés ou autres Actes de pareille
» nature & qualité , qui pourront être faits non-
» obſtant la ſignification des Lettres ou de l'Ar-
» rêt qui auront introduit le Réglement de Ju-
» ges , même pendant l'inſtruction de l'inſtance
» au Conſeil , ſans que la caſſation en puiſſe
» être demandée comme de procédures attenta-
» toires.

ARTICLE VIII.

En signifiant les Lettres, (1) la partie sera tenuë de faire donner l'assignation en nostre Conseil par le mesme exploit; & où les Lettres seroient signifiées sans assignation, deffendons à nos Cours & Jurisdictions d'y avoir égard, & pourront les parties continuer leurs poursuites comme elles auroient pû faire auparavant, sans qu'il soit besoin de se pourvoir en nostre Conseil pour faire lever les deffenses.

1. *En signifiant les Lettres.*] L'article 11 du titre 2 de l'Ordonnance du mois d'Août 1737, porte » qu'en procédant à la signification des » Lettres en Réglement de Juges, celui qui les » aura obtenues sera tenu de faire donner assi- » gnation au Conseil par le même Exploit, & » qu'il en sera inféré une clause expresse dans » lesdites Lettres, le tout à peine de nullité.

L'article 12, porte » que lorsque le Régle- » ment de Juges aura été formé par Arrêt, la » signification qui sera faite dudit Arrêt dans les » délais ci-dessus marqués, tiendra lieu d'assigna- » tion au Conseil, & qu'en conséquence les par- » ties seront tenues d'y procéder en la maniere » accoutumée.

L'article 13, porte » que faute par le deman- » deur d'avoir satisfait à ce qui est porté par les » quatre articles précédents, c'est-à-dire, par » les articles 9, 10, 11 & 12, (*suprà*, articles » 6 & 8, aux notes, pag. 65, 66 & 68,) » il de-

» meurera déchû de plein droit defdites Lettres
» ou dudit Arrêt, qui feront regardés comme
» non advenus ; & que les parties contre lef-
» quelles ils auront été obtenus, pourront con-
» tinuer leurs pourfuites dans le Tribunal qu'el-
» les avoient faifi de leurs conteftations, ainfi
» qu'elles l'auroient pu faire avant lefdites Let-
» tres ou ledit Arrêt, fans qu'il foit befoin de le
» faire ordonner ainfi par Arrêt du Confeil.

Article IX.

Les parties affignées en noftre Confeil pour eftre réglées de Juges, *po rront fans attendre l'écheance des affignations* (1) s'adreffer à l'Avocat nommé dans les Let-tres, qui fera tenu d'occuper : & feront les Réglemens de Juges, tant en matiere civile que criminelle, inftruits & jugez en la mefme forme & maniere que les évocations, & ainfi qu'il eft porté par les Articles xxiii & xxxii du Titre des Evocations.

1. *Sans attendre l'échéance des affignations.*] L'Article 17 du titre 2 de l'Ordonnance du mois d'Août 1737 porte que » les défendeurs » en réglement de Juges pourront fe préfenter , » fans attendre l'échéance des délais , & procé- » der avec l'Avocat au Confeil nommé dans les » Lettres ou dans l'Arrêt, qui fera tenu d'occu- » per ; & que le préfent article fera obfervé tant » en matiere civile que criminelle.

L'Article 18 porte que » les réglements de » Juges feront inftruits & jugés fommairement ,

» en la forme prescrite par les réglements sur les
» procédures qui se font au Conseil.

ARTICLE X.

La partie qui aura esté déboutée du déclinatoire par elle proposé en la Jurisdiction qu'elle prétendra être incompétente & d'une autre Cour & ressort, *pourra se pourvoir en nostre Conseil ou au Sceau* (1), & rapportant le Jugement de rétention, & les pieces justificatives du déclinatoire, lui seront accordées Lettres ou Arrest pour faire assigner en nostre Conseil les parties aux fins du renvoy par elle requis, pardevant les Juges *ausquels la connoissance du différend appartiendra* (2).

1. *Pourra se pourvoir en notre Conseil, ou au Sceau.*] L'Article 19 du titre 2 de l'Ordonnance de 1737 porte » que la partie qui aura été
» déboutée du déclinatoire par elle proposé
» dans la Cour ou dans la Jurisdiction qu'elle
» prétendra être incompétente, & de sa deman-
» de en renvoi dans une autre Cour, ou dans
» une Jurisdiction d'un autre ressort, pourra se
» pourvoir en la grande Chancellerie ou au
» Conseil, en rapportant le jugement rendu
» contre elle, & les pieces justificatives de son
» déclinatoire, moyennant quoi il lui sera ac-
» cordé des Lettres ou un Arrêt, ainsi qu'il a
» été dit ci dessus.

L'Article 20 porte que » la disposition de
» l'article précédent aura lieu, encore que sur

» l'appel interjetté par le demandeur en décli-
» natoire de la Sentence qui l'en a débouté, la-
» dite Sentence eût été confirmée par Arrêt.

2. *Sur la fin de l'article.*] L'Article 21 du titre 2 de la même Ordonnance de 1737 porte
que » lorfque fur le déclinatoire propofé par
» l'une des parties, les premiers Juges fe feront
» dépouillés de la connoiffance de la contefta-
» tion, le défendeur au déclinatoire ne pourra
» être reçu à fe pourvoir au Confeil pour être
» réglé de Juges, fauf à lui à interjetter appel
» de la Sentence qui aura eu égard au déclinatoi-
» re, ou à fe pourvoir au Confeil contre l'Ar-
» rêt qui l'aura confirmée. Le même article veut
» que l'appel *de toutes Sentences rendues fur dé-*
» *clinatoires* (a) foit porté immédiatement dans
» les Cours, chacune dans fon reffort.

(a) *De toutes Sentences rendues fur déclina-*
toires] Ces mots font voir qu'il ne fuffit pas d'appeller comme de Juge incompétent, pour pou-
voir porter immédiatement l'appel au Pailement, *omiffo medio ;* car l'Ordonnance fuppofe
ici que le renvoi eft demandé par la partie qui
décline la Jurifdiction. En effet, il y a une grande différence entre les jugements rendus fur déclinatoires, & ceux qualifiés comme de Juge incompétent. Lorfqu'une partie affignée devant
un Juge ordinaire ne demande point fon renvoi,
& qu'elle laiffe rendre une Sentence au fond,
foit contradictoirement, foit par défaut, &
qu'enfuite elle appelle de la Sentence, tant
comme de Juge incompétent qu'autrement,
l'appel doit fe porter devant le Juge immédiat
qui connoît des appellations du Tribunal dont
cette Sentence eft émanée ; & quoique cela
fouffre plus de difficulté dans le cas où la Sentence a été rendue par défaut, & ayant litifcon-
teftation ; néanmoins il paroît que dans ce cas-là

même l'appel doit fe porter devant le Juge immédiat qui connoît des appels de ce Tribunal,
& non directement au Parlement, ce qui réfulte
affez des termes mêmes de cet article.

Au refte cette diftinction eft fondée en grande raifon. En effet, il ne feroit pas jufte qu'une
partie qui a une fois reconnu un Juge pût appeller de lui comme de Juge incompétent ; & fi
c'eft par défaut que la Sentence a été rendue,
elle doit s'imputer de n'avoir pas demandé fon
renvoi au Juge devant lequel elle a été affignée,
fur-tout dans le cas où l'affignation lui a été
donnée devant un Juge ordinaire, fuivant la
Loi. *Si quis ex alienâ* 5. *ff. de Judiciis.*

Article XI.

Les Lettres ou Arrefts (1) obtenus fur
les déclinatoires contiendront les mefmes
claufes, & les procez en conféquence
feront inftruits & jugez en noftre Confeil, en la mefme maniere que les Réglements de Juges.

1. *Les Lettres ou Arrêts.*] L'Article 22 du
titre 2 de l'Ordonnance du mois d'Août 1737.
porte que » les difpofitions des articles 5, 6, 7,
» 8, 9, 10, 11, 12, 13, 14, 15, 16, & 17.
» (*fuprà*, articles 2, 3 4, 5, 6, 7, 8, 9 & 10.
» aux notes, p. 6; & fuiv. jufqu'à la p 69.)
» feront pareillement obfervées à l'égard des
» Lettres ou Arrêts obtenus dans le cas de l'ar-
» ticle 19. (*fuprà* article 10 aux notes, p. 70.)
» enfemble des pourfuites, procédures, & inf-
» tructions qui fe feront en conféquence.

Article

ARTICLE XII.

Pour régler les contentions de Jurifdic-
tion (1) d'entre nos Cours de Parlement
& des Aydes de chacun reffort, nos
Avocats & Procureurs Généraux s'affem-
bleront tous les mois à jour certain, &
plus fouvent s'ils en font requis, pour
conférer & convenir ; & fur les réfolutions qui feront prifes entre eux & fignées
de part & d'autre, feront tenues les parties de fe pourvoir & procéder en celle
des Cours dont ils feront convenus ; &
en cas de diverfité, ils délivreront leurs
avis avec les motifs aux parties, pour leur
eftre fait droit fur le tout fommairement
en noftre Confeil ; ce qui fera pareillement obfervé *en matiere criminelle* (2).

   1. *Pour régler les contentions de Jurifdiction.*]
L'article 23 du titre 2 de l'Ordonnance de 1737,
porte que » pour régler les conflits de Jurifdiction
» qui fe formeront entre les Cours de Parlement
» & les Cours des Aides qui feront établies dans
» la même Ville, les Avocats & Procureurs
» Généraux dans chacune defdites Cours s'affem-
» bleront au parquet defdites Cours de Parle-
» ment tous les mois à jours certains, ou plus
» fouvent, s'ils en font requis, pour conférer
» & convenir fur la compétence de l'une ou
» de l'autre Cour ; & qu'en conféquence des
» réfolutions qui feront prifes entre eux, il fera
» donné Arrêt dans la Cour qui fera jugée in-
» compétente fur l'avis des Avocats & Procu-

D

» reurs Généraux en ladite Cour, portant renvoi
» de la contestation en la Cour qui sera jugée
» compétente, & qu'en cas de diversité ils dé-
» livreront leurs avis avec les motifs aux par-
» ties, pour leur être fait droit sur le tout au
» Conseil de Sa Majesté en la forme ordinaire;
» ce qui sera pareillement observé en matiere
» criminelle.

L'Article 24 porte que les conflits de Jurif-
» diction qui se formeront entre des Cours qui
» ne sont pas établies dans la même Ville, ne
» pouvant se terminer par voie de conférence
» entre les Avocats & Procureurs Généraux
» des deux Compagnies, il y sera pourvu au
» Conseil du Roi, à l'effet de quoi les parties
» qui y seront intéressées pourront obtenir des
» Lettres ou un Arrêt, pour y porter & faire
» instruire & juger leurs demandes en régle-
» ment de Juges, ainsi & de la même maniere
» qu'il a été réglé par les dix-neuf premiers
» articles du préfent titre.

L'article 25 porte : » Entendons néanmoins
» que dans tous les conflits de jurifdiction où
» il n'y aura point d'autres parties que nos Pro-
» cureurs Généraux, ils puissent envoyer cha-
» cun de leur côté un mémoire à notre Chance-
» lier, avec les pieces qu'ils jugeront à propos
» d'y joindre, pour soutenir la compétence de
» leurs Compagnies, sans obtenir des Lettres
» ou un Arrêt pour introduire l'instance de ré-
» glement de Juges en notre Conseil, ni la pour-
» suivre dans les formes ordinaires. Voulons
» qu'après que les mémoires par eux envoyés
» & les pieces qui y seront jointes auront été
» communiquées à chacun de nofdits Procu-
» reurs Généraux, & sur la réponse qu'ils y
» auront faite de part & d'autre, il soit rendu
» sans autre instruction un Arrêt en notre Con-

» feil, par lequel l'affaire qui aura fait naître le
» conflit de Jurifdiction , fera renvoyée dans
» le Tribunal qui fera jugé compétent pour en
» connoître.

2. *Sur la fin de l'article.*] Voyez *infrà* , tit. 3.
des Réglemens de Juges en matiere criminelle , art. 6, p. 81 pour les conflits de Jurifdiction
qui peuvent furvenir entre les Parlements & les
Siéges Préfidiaux de leur reflort; & article 5.
du même titre 3 *ibid.* pour les conflits qui peuvent naître en matiere civile ou criminelle entre
les premiers Juges qui reflortiffent en une même
Cour.

L'article 28 du titre 2 de l'Ordonnance du
mois d'Août 1737 porte : » Faifons au furplus
» très-expreffes inhibitions & défenfes à toutes
» nos Cours de prononcer ni faire exécuter au-
» cunes condamnations d'amende pour diftrac-
» tion de jurifdiction , ni de fouffrir qu'il en foit
» prononcé aucune par les Juges qui leur font
» fubordonnés, le tout à peine de nullité defdi-
» tes condamnations , contraintes & procédures
» faites en conféquence.

L'article 29 porte : » Defirant néanmoins em-
» pêcher l'abus que plufieurs parties font des
» inftances de réglement de Juges qu'elles in-
» troduifent en notre Confeil , ou aufquelles el-
» les donnent lieu , dans la feule vue d'éloigner
» le jugement du fond de leur conteftation ,
» voulons que ceux qui fuccomberont dans lef-
» dites inftances , puiffent être condamnés en
» notre Confeil , s'il y échet, en la même amen-
» de , & applicable de la même maniere que
» les évoquants qui fuccombent dans leurs de-
» mandes , fuivant ce qui eft porté par l'article
» 79 de notre préfente Ordonnance , au titre
» des Evocations , (*fuprà* titre 1 article 35 aux
» notes pag. 41.) & en outre aux dépens , dom-

» mages & intérêts de leurs parties, laquelle
» amende pourra même être augmentée dans les
» cas qui le mériteront, ainsi qu'il fera jugé à
» propos en notre Conseil.

Voyez encore la fin de la difpofition de la
même Ordonnance de 1737, *fuprà* titre 1, article 47 en la note, pag. 60.

TITRE III.

Des Réglements de Juges en matiere criminelle.

Article I.

LE réglement de Juges fera formé en
matiere criminelle, *lorfqu'en deux de
nos Cours indépendantes l'une de l'autre,
& non reffortiffantes en mefme Cour* (1),
aura efté informé & décreté pour raifon d'un mefme fait contre les mefmes
parties.

1. *Lorfqu'en deux de nos Cours indépendantes
l'une de l'autre, & non reffortiffantes en même
Cour.*] Il y a dans cet article une omiffion confidérable, qui s'eft gliffée fans doute par la faute
de l'Imprimeur dans toutes les éditions. En effet, il ne peut y avoir deux Cours fupérieures
dépendantes l'une de l'autre ; ce qui paroîtroit
néanmoins réfulter des termes de cet article.
Cette faute, ou omiffion, fe trouve corrigée
par la nouvelle Ordonnance des Evocations du

mois d'Août 1737, titre 3, article 1, qui porte
que » le réglement de Juges aura lieu en matie-
» re criminelle, lorfque deux Cours ou deux
» Jurifdictions indépendantes l'une de l'autre,
» & non reffortiffantes en la même Cour, auront
» informé & décreté pour raifon du même fait
» contre les mêmes parties.

Article II.

Les Lettres ou Arrefts de reglement
de Juges en matiere criminelle, *porteront
claufe, que l'inftruction fera continuée* (1)
en la Jurifdiction qui fera commife (2) par
les Lettres ou Arrefts, jufqu'à jugement
diffinitif exclufivement, & que le reglement de Juges ait efté terminé & jugé :
& feront au furplus les Lettres & Arrefts
expédiez en la mefme forme & maniere,
& contiendront les mefmes claufes qu'en
matiere civile.

   1. *Porteront claufe, que l'inftruction fera continuée.*] Il en eft autrement en matiere civile.
(V. *fuprà* tit. 2, art. 7, p. 66.)
   L'article 2 du titre 3 de l'Ordonnance du
mois d'Août 1737 porte auffi que » les Lettres
» ou Arrêts de réglement de Juges porteront,
» que l'inftruction fera continuée en la Jurifdic-
» tion qui fera commife par lefdites Lettres ou
» Arrêts, jufqu'à jugement définitif exclufive-
» ment, en attendant que le réglement de Ju-
» ges ait été terminé & jugé ; & qu'au furplus
» lefdites Lettres & Arrêts feront expédiés en
» la même forme & maniere, & avec les mêmes
» claufes qu'en matiere civile.

D iij

Il faut obſerver à cet égard, que ſuivant l'article 17 de l'Ordonnance des Fermes du mois de Juillet 1681, au titre commun des Fermes, » les informations faites, tant par les Officiers » des Juriſdictions Royales ordinaires que par » ceux des Elections, Greniers à ſel, Traites » & autres, en cas de conflit pour la compéten- » ce, doivent être envoyées inceſſamment au » Greffe du Conſeil de Sa Majeſté, pour y être » les parties réglées de Juges : que cependant » l'inſtruction du procès ſera continuée juſqu'au » jugement définitif par les Officiers des Elec- » tions, Greniers à ſel, Traites & autres Juges » des droits du Roi ; & qu'il ſera ſurſis au juge- » ment juſqu'à ce que la compétence ait été » réglée ; & que les Juges qui auront entrepris » ſur les autres, ſeront condamnés outre l'in- » terdiction en mille livres d'amende.

Voyez au ſurplus l'article 23 du titre 2 de l'Ordonnance du mois d'Août 1739, *ſuprà* tit. 2, article 12, note 1, p. 71.

2. *En la Juriſdiction qui ſera commiſe.*] Soit en l'une des Juriſdictions ſaiſies du procès, ſoit en une autre.

Article III.

Ne pourront néantmoins les accuſez (1) qui auront eſté déboutéz des déclinatoires par eux propoſez, *ſe pourvoir en réglement de Juges* 2), ſi ce n'eſt qu'un autre Juge ait informé & décreté pour le meſme fait.

1. *Ne pourront néanmoins les accuſés.*] L'Aricle 3 du titre 3 de l'Ordonnance du mois d'Août

1737. porte : » Ne pourront néanmoins les ac-
» cufés qui auront été déboutés des déclinatoires
» par eux propofés , fe pourvoir en réglement
» de Juges, fi ce n'eft qu'il ait été informé ou dé-
» creté pour le même fait par une autre Cour ou
» Jurifdiction d'un autre Reffort ; le tout fans
» préjudice aufdits accufés de fe pourvoir par
» les voies de droit contre les Arrêts ou Juge-
» gemens rendus en dernier reffort qui les au-
» ront déboutés de leur déclinatoire ; ce qu'ils
» pourront faire , lors même qu'aucune autre
» Jurifdiction n'aura informé & décreté contre
» eux pour le même fait.

   2. *Se pourvoir en Réglement de Juges.*] Mais
il faudra qu'ils fe pourvoient par appel en la
Cour dont dépend la Jurifdiction qui a refufé
le renvoi , à moins qu'il n'ait été informé & décreté pour le même fait en une autre Jurifdiction , auquel cas il faudra fe pourvoir en Réglement de Juges.

Aʀᴛɪᴄʟᴇ IV.

Aucunes Lettres de réglement de Juges ne feront accordées en matiere criminelle au nom des accufez, contre lefquels originairement il y aura decret de
prife de corps, *qu'ils ne foient actuellement prifonniers* (1) ès prifons des Juges
qui auront rendu les Decrets, & n'en
ayent rapporté l'écrou en bonne forme,
attefté par le Juge ordinaire du lieu. où
il fera détenu , fignifié aux parties où
à leurs Procureurs, qui demeurera *attaché fous le contrefcel* (2) , & en fera fait

D iv

mention dans les Lettres, à peine de nullité.

1. *Qu'ils ne soient actuellement prisonniers.*] Voyez *suprà* tit. 1, article 38, pag. 46.

L'article 4 du tit. 3 de l'Ordonnance du mois d'Août 1737 porte » qu'aucunes Lettres » ou Arrêts de réglement de Juges ne feront » accordés en matiere criminelle aux accufés » contre lefquels il y aura un décret de prife » de corps fubfiftant, s'ils ne font actuellement » prifonniers dans les prifons des Juges qui » auront rendu les décrets, ou des Cours Su- » périeures aufdits Juges, & s'ils n'en rappor- » tent l'écrou en bonne forme & attefté par le » Juge ordinaire des lieux, en cas que l'accufé » fe foit remis dans d'autres prifons que celles » defdites Cours ; lequel écrou fera fignifié » aux parties civiles, fi aucunes y a, ou aux » Procureurs Généraux, ou à leurs Subftituts » dans les Jurifdictions Royales dans lefquelles » le procès fera pendant, ou aux Procureurs » des Hauts Jufticiers dans la Juftice defquels » ils feront pourfuivis, le tout à peine de nul- » lité.

2. *Attaché fous le Contrefcel.*] L'Article 5 du titre 3 de la même Ordonnance de 1737 porte que » ledit acte d'écrou fera attaché fous le » contrefcel des Lettres en réglement de Juges, » ou de la commiffion expédiée fur l'Arrêt, » faute de quoi l'accufé demeurera déchu de » plein droit defdites Lettres ou Arrêts, qui » feront regardés comme non avenus, & il » fera paffé outre à l'inftruction & au jugement » du procès, comme avant icelles, fans qu'il » foit befoin de le faire ordonner ainfi par » Arrêt du Confeil.

ARTICLE V.

Les contentions de Jurisdiction (1) d'entre les premiers Juges ressortissants en mesme Parlement, ou autres nos Cours, seront réglées & jugées par voies d'appel ès Jurisdictions supérieures.

1. *Les contentions de Jurisdiction.*] L'Article 27 du titre 2 de l'Ordonnance de 1737 porte que « les conflits de jurisdiction qui se forme- » ront en matiere civile ou criminelle entre les » premiers Juges ressortissants en la même Cour, » y seront réglés & jugés par voie d'appel, & » sur les conclusions du Procureur-Général en » ladite Cour, ou sur la réquisition qu'il pourra » faire, lors même qu'il n'y aura point d'appel » interjetté par les parties, le tout en observant » les regles & formalités en tel cas requises & » accoutumées.

ARTICLE VI.

Les conflits d'entre nos Cours de Parlement & Sieges Présidiaux (1) dans le mesme ressort pour raison des cas portez par l'Edit, seront réglez & jugez par nostre grand Conseil, & sans que pour raison de ce il puisse estre formé aucun réglement de Juges entre nos Cours de Parlement & Grand Conseil, ni que nos Cours de parlement puissent au préjudice des Commissions qui auront

D v

esté décernées par noftre Grand Confeil, prendre connoiffance du différend des parties, ni contrevenir aux Arrefts rendus par noftre Grand Confeil pour raifon de ce, à peine de nullité & caffation de procédures. Faifons deffenfes aux parties de faire aucunes pourfuites, ni de s'aider des Arrefts qui feront intervenus, à peine de cent livres d'amende, applicable moitié à nous, & l'autre à la partie.

1. *Les conflits d'entre nos Cours de Parlement & Siéges Préfidiaux.* | L'Article 26 du titre 2 de la même Ordonnance du mois d'Août 1737 porte que » les conflits de Jurifdiction qui naî-
» tront entre les Cours de Parlement & les
» Siéges Préfidiaux de leur Reffort pour raifon
» des cas *que lefdits Siéges jugent fans appel,* (a)
» fuivant l'Edit de leur création, feront jugés
» & réglés au Grand Confeil, fans que pour
» raifon de ce il puiffe être formé aucun régle-
» ment de Juges entre les Parlements & le
» Grand Confeil, ni que les Parlements puiffent
» au préjudice des commiffions qui auront été
» décernées par le Grand Confeil, prendre
» connoiffance du différend des parties, ni con-
» trevenir aux Arrêts rendus pour raifon de ce
» par le même Tribunal, à peine de nullité, &
» caffation des procédures : Fait défenfes aux
» parties de faire audit cas aucunes pourfuites
» dans les Cours de Parlement, ni de fe fervir
» des Arrêts qui y feront intervenus à cet
» égard, à peine de trois cens livres d'amen-
» de, applicable moitié au Roi, moitié à la
» partie.

(a) *Que lesdits Siéges jugent sans appel.*] Tant en matiere civile que criminelle.

La disposition portée en cet article a également lieu à l'égard des conflits qui peuvent survenir entre les Parlements & les Juges-Consuls, dans les cas où ces derniers jugent en dernier ressort. (Arrêt du Grand Conseil du 16 Janvier 1713 qui le juge ainsi. Autre du 5 Septembre 1693 rendu en faveur des Juges-Consuls de Bourges. Voyez au recueil de Réglemens, tom. 2 , pag. 507 & 144.) Il est dit dans le préambule de ce dernier Arrêt, que quoiqu'il n'y ait aucun Edit ni Ordonnance qui ait attribué au Grand Conseil la connoissance des conflits , soit entre les Juges-Consuls entre eux , soit entre eux & les Parlements , néanmoins le Grand Conseil est originairement Juge de tous les conflits ; qu'il l'est des contrariétés d'Arrêts & de Jugements en dernier ressort, circonstances & dépendances , par la Déclaration du Roi de 1552 , & qu'il est en possession immémoriale de juger les conflits d'entre les Juges-Consuls & les Parlements , & qu'il n'y a ni Déclaration ni trouble contraire.

Article VII.

Comme aussi la connoissance des réglemens de Juges *d'entre les Lieutenans Criminels , & les prevosts des Mareschaux* (1) appartiendra à nostre Grand Conseil, auquel nous faisons deffenses de faire expédier aucunes commissions , ni de donner audiences aux accusés contre lesquels il y aura decret de prise de corps, qu'ils ne soient actuellement en eſtat, ſoit dans les priſons des Juges qui les auront décernez, ou dans celle du Grand Conſeil, & qu'il ne leur en ait apparu par des extraits tirez du regiſtre de la geole en bonne forme, à peine de nullité.

1. *D'entre les Lieutenans criminels & les Prévôts des Maréchaux.*] L'Article 6 du tit. 3, de l'Ordonnance du mois d'Août 1737 porte que » la connoiſſance des conflits de juriſdic- » tion qui naîtront entre les Lieutenants Crimi- » nels & les Prévots des Maréchaux, pour ſa- » voir auquel deſdits Officiers la connoiſſan- » ce d'un crime qui doit être jugé Préſidialement » ou Prévotalement ſera renvoyée pour être » jugée en dernier reſſort, appartiendra au » Grand Conſeil, auquel Sa Majeſté fait dé- » fenſes de faire expédier aucunes commiſſions, » ni de donner audience aux accuſés contre » leſquels il y aura un décret de priſe de corps » ſubſiſtant, à moins qu'ils ne ſoient actuelle- » ment en état, ſoit dans les priſons des Juges » qui les auront décretés, ou dans celles du- » dit Grand Conſeil, & qu'il ne lui en ait appa- » ru par des extraits tirés du regiſtre de la geole » en bonne forme atteſtés & ſignés, ainſi qu'il » a été dit ci-deſſus dans l'article 4 (*ſuprà,* » article 4, note 1, pag. 80.) le tout à peine de » nullité.

Et l'article 7 porte que » les diſpoſitions des » articles 17, 18, 23, 24, 25, 28 & 29 du » titre précédent (*ſuprà* tit. 2 articles 9 & 12 » aux notes, pag. 69, 73 & ſuivantes) feront » pareillement obſervées à l'égard des Régle- » ments de Juges qui ſe formeront en matiere » criminelle, & qu'ils feront inſtruits & jugés

» au Conseil de Sa Majesté en la même forme
» & maniere que les Réglemens de Juges en
» matiere civile.

Voyez encore l'article dernier du titre 3 de la même Ordonnance de 1737, *suprà*, titre 1, article 47, note derniere, pag. 60.

TITRE IV.

Des Committimus *&* Gardes Gardiennes.

LE droit de *Committimus* est un privilege accordé par le Roi à ses Officiers, ou à certains Corps, & quelquefois même à des particuliers, par des motifs d'intérêt public ou de prérogative de dignité. Ce privilege leur donne le droit de plaider en premiere instance pardevant les Juges de leurs privileges, & de pouvoir même y traduire les personnes contre lesquelles ils plaident.

Ces *Committimus* ou privileges sont de plusieurs sortes. Car, 1°. Quelques-uns de ceux qui en jouissent, ont leurs causes commises en la Grand'Chambre du Parlement de Paris ; comme M. le Duc d'Orléans, suivant les Lettres-patentes du 27 Juillet 1726, regiftrés au Parlement, le 29 Avril suivant ; les Ducs & Pairs pour raison de leurs Pairies ; (Ordonnance de 1667, titre 2, article 12;) l'Hôtel-Dieu, le grand Bureau des pauvres & l'Hôpital Général de la ville de Paris ; (*Ibidem*, article 12 ;) les marchands fréquentants la riviere de Loire, suivant d'anciennes concessions de nos Rois, dans lesquelles ces marchands ont depuis été confirmés par une Déclaration du Roi du 24 Avril

1703, article 25. (Voyez le nouveau recueil de Réglements, tom. 2, pag. 312.

2°. D'autres ont leurs caufes commifes aux Requêtes de l'Hôtel, ou aux Requêtes du Palais des Parlements, fuivant qu'ils jouiffent du droit de *Committimus* au grand ou au petit fceau. Telles font les perfonnes dont il eft fait mention dans les articles 13, 14, 15, 17 & 19 de ce titre. (Voyez ces articles ci-après avec les notes.)

3°. Plufieurs communautés ont le droit de plaider en premiere inftance au Grand Confeil, & d'y attirer du Reffort de tous les Parlements du Royaume pour raifon de leurs biens, droits & privileges : tels font les Chanoines Réguliers de la Congrégation de France, fuivant les Lettres-Patentes du 4 Août 1718 ; les Jéfuites, fuivant les Lettres-Patentes du 30 Juin 1738, excepté quand il ne s'agit que d'arrérages de cens, redevances & rentes foncieres, & que le fonds du droit n'eft pas contefté, ou quand il s'agit de demandes perfonnelles, qui n'excedent pas la fomme de mille livres une fois payée, ou quarante livres de rente annuelle, auquel cas l'affaire doit être portée devant les Juges ordinaires par appel aux Préfidiaux, pour y être jugée en dernier reffort, lorfque les demandes n'excedent la fomme de 250 liv. une fois payée, ou dix livres de rente, & au Grand Confeil dans tous les autres cas où il s'agit de plus de deux cents cinquante livres. Les Prêtres de l'Oratoire jouiffent auffi du même privilege.

Au refte, le privilege dont jouiffent ces Communautés, eft moins un droit de *Committimus*, qu'une évocation générale de leurs Caufes au Grand Confeil. (Voyez ce qui a été dit cideffus au titre 1 des Evocations, article 1, aux notes, page 3.

4°. Le privilege ou droit de Garde-Gardienne est aussi une espece de *Committimus*. C'est un droit par lequel certaines Eglises, ou certains Chapitres & Communautés Ecclésiastiques, Séculieres ou Régulieres, ont droit de distraire la connoissance de leurs Causes des Juges ordinaires, & de les évoquer, tant en demandant qu'en défendant, pardevant les Baillifs & Sénéchaux Royaux, à qui la connoissance en est attribuée, à l'exclusion des Seigneurs Hauts - Justiciers, même des Prévôts Royaux. Telles sont les Eglises & Communautés qui sont de fondation Royale, & qui ont des Lettres de Garde-Gardienne vérifiées en la Cour ; (Edit de Crémieu, article 9. Voyez le Recueil de Réglements, tom. 1, pag. 3 & 4. Déclaration du mois de Juin 1559, rendue en interprétation de cet Edit, article 3,) comme à Orléans le Chapitre de la Cathédrale, suivant des Lettres Patentes du 3 Septembre 1670, confirmées par autres du 19 Mars 1720, les Religieux de Saint Benoît-sur-Loire, suivant une ancienne concession de l'année 1317, confirmée depuis par plusieurs Lettres-Patentes, & notamment par celles des mois d'Octobre 1616, Août 1655, & Décembre 1672, l'Hôtel-Dieu d'Orléans, suivant des Lettres de concession du mois d'Août 1553, & quelques autres Chapitres & Communautés de ce Diocese.

Ce privilege ne s'étend ordinairement que dans le ressort du Bailliage ou de la Sénéchaussée auquel la connoissance en est attribuée, à moins qu'il n'y ait dans les Lettres de concession une clause qui augmente le privilege ; ce qui fait que quelques Communautés en jouissent avec plus d'étendue. Ainsi le Chapitre de la Cathédrale d'Orléans, par ses Lettres de Garde-Gardienne, a ses Causes commises au Bailliage de la même Ville, fans pouvoir être traduit ailleurs pour tous les biens qu'il poffede, tant dans l'étendue de ce Bailliage, que pour ceux dont il jouit dans le reffort du Bailliage d'Etampes & ailleurs.

Il faut auffi obferver, que ce droit de Garde-Gardienne eft moins un droit de *Committimus*, qu'une évocation des Caufes des Corps & Communautés qui en jouiffent ; ce qui fait qu'il a lieu, non-feulement en matiere perfonnelle, poffeffoire & mixte, comme le droit ordinaire de *Committimus*, (*infrà*, article 1, p. 94; mais même en matiere réelle, puifqu'ordinairement ces Lettres font accordées pour raifon de toutes les Caufes que les Communautés qui jouiffent de ce droit peuvent avoir, enfemble pour raifon des héritages, domaines & droits qu'elles ont en quelque endroit que les biens foient fitués, pourvu néanmoins, (& c'eft une claufe qui s'y ajoute ordinairement) que ce foit dans le reffort du Parlement où ces Communautés font établies.

Au refte, les Lettres de Garde-Gardienne qui font accordées à des Chapitres ou Communautés, ne regardent point les Chanoines ou Religieux en particulier : car ceux-ci n'en peuvent jouir pour raifon de leurs caufes perfonnelles ou réelles, mais feulement pour ce qui concerne les droits de leurs Bénéfices. (Ainfi jugé par Arrêt du 12 Mars 1635, rapporté par Bardet, tome 2, liv. 4, ch. 9. V. auffi Bouvot, au mot *Committimus*, tom. 1, queft. 1.)

5°. Les Recteurs, Régents & Lecteurs des Univerfités, ainfi que ceux qui jouiffent du privilege de Scolarité, ont leurs caufes commifes devant les Juges confervateurs de leurs privileges, (*infrà*, art. 29, 30 & 31,) qui font ordinairement les Baillifs & Sénéchaux Royaux dú lieu de leur établiſſement, & quelquefois auſſi devant des Juges Royaux & particuliers. Ainſi à Orléans, avant la réunion de la Prévôté de cette Ville au Bailliage, faite en 1749, les Officiers de la Prévôté d'Orléans étoient Juges-Conſervateurs des privileges de l'Univerſité de cette même Ville, concurremment avec les Officiers du Bailliage & Siege Préſidial.

6°. Les Principaux des Colleges, Docteurs, Régents & autres du corps des Univerſités qui tiennent des Penſionnaires, ont le droit de faire aſſigner de tous les endroits du Royaume pardevant les Juges des lieux de leurs domiciles, pour raiſon des penſions & autres choſes par eux fournies à leurs écoliers. (*Infrà*, art. 28.)

7°. Quelques Officiers jouiſſent du Privilege d'avoir leurs cauſes, tant civiles que criminelles, commiſes au Préſidial de leur reſſort ; ce qui s'entend néanmoins des cauſes où le Procureur du Roi n'eſt point partie. (*Infrà*, article 25.) Tels ſont les Officiers des Eaux & Forêts, même les Huiſſiers & Sergents à garde des bois du Roi, ſuivant l'article 13 du titre 2 de l'Ordonnance des Eaux & Forêts, du mois d'Août 1669. Les Officiers de Maréchauſſée jouiſſent du même droit, & ont leurs cauſes commiſes, tant en civil que criminel, au plus prochain Préſidial du lieu de leur réſidence, ſuivant une Déclaration du Roi du 6 Mai 1692. Il paroît cependant que ce droit n'a plus lieu à l'égard des Procureurs du Roi, Aſſeſſeurs, Greffiers, & Exempts de Maréchauſſée ; ſuivant un Arrêt du Conſeil du 25 Février 1730, ſur lequel il y a eu des Lettres-Patentes en date du 20 Mars ſuivant ; & qu'à l'égard des Prévôts & Lieutenants, ils ont leurs cauſes commiſes de la même maniere que les Officiers Commenſaux de la Maiſon du Roi.

8°. Quelques Officiers ont leurs caufes commifes devant le Juge ordinaire Royal du lieu de leurs Offices. Ainfi les Huiffiers au Châtelet de Paris ont leur caufes commifes en premiere inftance, tant en matiere civile que criminelle, devant le Prévôt de Paris, fuivant l'Edit du mois de Décembre 1672, confirmé par un autre Edit du mois d'Octobre 1712, article 5, tous les deux rapportés par Néron, tom. 2, pages 115 & 459, de l'édition de 1720. De même le Chevalier du Guet de la ville d'Orléans, ainfi que fes Officiers & Archers, ont leurs caufes commifes devant le Prévôt de cette Ville, fuivant l'article 12 de l'Edit du mois de Juin 1564, portant création de cet Office.

9°. Le privilege qu'ont les Sceaux du Châtelet de Paris, d'Orléans & de Montpellier, d'être attributifs de Jurifdiction, produit auffi le même effet que le droit de *Committimus*, à l'égard des Actes paffés fous l'un de ces Sceaux, & s'étend même encore plus loin, puifqu'il attribue Jurifdiction au Juge fous le Scel duquel le contrat eft paffé, pour connoître des actions réelles dépendantes de ce contrat. Ainfi fi un contrat de vente, un bail, ou une obligation, &c. eft paffé fous le Scel du Châtelet de Paris, le créancier pourra contraindre fon débiteur à plaider au Châtelet de Paris, en exécution de ce contrat ou obligation, quand même ce débiteur feroit demeurant dans un autre Bailliage ou Prévôté, même hors le reffort du Parlement de Paris. (V. Bacquet, en fon Traité des droits de Juftice, chap. 8, n. 39.)

Il en eft de même des obligations paffées fous le Scel du Châtelet d'Orléans : le créancier peut, en vertu de ces obligations, y faire affigner fon débiteur, quoique ce débiteur foit demeurant en une autre Jurifdiction , fuivant le privilege du Châtelet de cette Ville , confirmé depuis peu par l'article 21 de l'Edit du mois de Mars 1749 , portant réunion de la Prévôté d'Orléans au Bailliage. (V. le nouveau Recueil , t. 3, page 648.) Ce qui a pareillement lieu à l'égard des Actes paffés fous le Scel du Châtelet de Montpellier , pour raifon defquels on peut obliger le débiteur de répondre devant le Juge Royal de la même Ville.

Ce privilege a lieu , non-feulement contre les perfonnes obligées par le contrat , mais encore contre leurs héritiers , & héritiers de leurs héritiers; & on peut les faire affigner pour raifon de l'obligation portée par le contrat , devant le Juge fous le Scel duquel il eft paffé. (*Ita* , Bacquet en fon Traité des droits de Juftice , chap. 8 , n. 36.)

Et il en eft de même , fuivant cet Auteur , des teftaments que des contrats. Ainfi fi le teftament d'un défunt eft reçu par des Notaires du Châtelet de Paris , les légataires pourront pourfuivre devant le Prévôt de Paris les héritiers & exécuteurs teftamentaires pour avoir délivrance de leurs legs , & ces héritiers & exécuteurs font tenus de répondre devant le Prévôt de Paris pour tout ce qui concerne l'accompliffement & exécution de ce teftament , même de rendre compte de l'exécution teftamentaire. (Bacquet , *ibidem.*)

Mais ce privilege ceffe & n'a pas lieu contre les tiers - détenteurs. (Bacquet , *ibidem* , N. 38.)

10°. Enfin quelques perfonnes en vertu de Privileges particuliers ont leurs caufes commifes devant certains Juges à l'exclufion d'autres. Ainfi les Nobles ont le privilege de plaider , tant en demandant qu'en défendant , devant les Baillifs

& Sénéchaux, à l'exclusion des Prévôts Royaux. D'autres ne sont privilégiés qu'en défendant, comme les Bourgeois de Paris qui ont le privilege de ne pouvoir être traduits ailleurs que devant le Prévôt de Paris, (du moins en matiere personnelle & mixte,) suivant l'article 112 de la Coutume de cette Ville, & ce, quand bien même le demandeur seroit privilégié ; & ainsi des autres.

Parmi toutes les différentes especes de *Committimus* dont on vient de parler, il y en a quelques-uns qui donnent aux personnes qui en jouïssent, le droit de distraire de tous les Parlements du Royaume, & d'attirer aux Requêtes de l'Hôtel ou du Palais à Paris, ceux qui résident dans l'étendue des autres Parlements. Tel est le droit de ceux qui jouïssent du *Committimus* au grand Sceau ; au lieu que ceux qui jouïssent seulement du droit de *Committimus* au petit Sceau, ne peuvent attirer que du ressort du Parlement où ils ont leurs causes commises, aux Requêtes du même Parlement. (V. *infrà*, art. 13, 14 & suivants avec les notes.)

Tous ceux qui ont droit de *Committimus* au grand Sceau, peuvent indifféremment se pourvoir aux Requêtes de l'Hôtel ou du Palais du Parlement de Paris, (à la réserve des personnes exceptées par l'article 19 du présent titre) & ils jouïssent à plus forte raison du droit de *Committimus* au petit Sceau.

Il y a quelques Provinces en France où le droit de *Committimus* n'a pas lieu ; comme en la Province d'Artois, suivant les articles de la Capitulation de la ville d'Arras faite en l'année 1460, ce qui a été confirmé par une Déclaration du 16 Juin 1687, & par une autre du 17 Octobre 1708, qui portent que les Lettres de *Committimus* qui pourroient être obtenües, tant en la grande Chancellerie qu'en celles établies près les Parlements & Cours supérieures, n'auront pas lieu au pays & Comté d'Artois.

La Bretagne jouit du même droit, & l'on ne peut en vertu des Lettres de *Committimus*, distraire hors le Parlement de cette Province, (suivant du Fail, liv. 1, chap. 23, & 346, & liv. 3, chap. 341,) & aussi l'Alsace. (Arrêt du Conseil du 9 Novembre 1680, rapporté au recueil des Ordonnances & Réglements du Conseil souverain d'Alsace, pag. 130. Autre du 2 Mars 1690, rapp. *ibid.* pag. 222. Autre du 26 Juillet 1715, *ibid.* pag. 572,) même contre la Conservation de Lyon. (Arrêt du Conseil du 10 Décembre 1707, rapp. *ibid.* pag. 455.)

La Flandre, le Hainaut, le Cambresis & les autres Pays-Bas qui sont nouvellement soumis à la domination du Roi, sont aussi exempts du droit de *Committimus*, qui n'a pas lieu contre ces deux Provinces. Cette exception est accordée aux Flamands par différentes Capitulations. (V. les articles 14 & 15 de celle de Cambrai, du 27 Avril 1677, & les articles 46 & 52 de la Capitulation de Lille.)

Il en est de même pour tout ce qui est du ressort du Parlement de Douai, (ci-devant du Conseil de Tournai,) suivant un Edit du mois de Novembre 1671, & une Déclaration du 12 Juillet 1749, art. 7.

Les *Committimus* n'ont aussi aucun effet relativement à la vente des immeubles, situés dans les Provinces de Bresse, Bugey & Gex, suivant les déclarations du Roi, des 3 Juillet & 6 Décembre 1702, & les Lettres-Patentes du 30 Mars 1726. (Voyez le recueil des Edits, Déclarations & Réglements concernant les Provinces du ressort du Parlement de Flandre, imprimé à Douai en 1730, *in-4°.*)

L'article 36 de l'Edit du mois de Mars 1684,
porte pareillement, qu'aucune évocation générale ne fera accordée pour traduire les fujets de
la Franche-Comté hors le reffort du Parlement
de Befançon, même en vertu de Lettres de *Committimus*, lefquelles ne pourront avoir lieu audit pays; ce qui depuis a été confirmé par un
Arrêt du Confeil du 17 Mars 1710.

Les habitants du Dauphiné jouiffent auffi du
même privilege, fuivant l'acte de la donation
faite du Dauphiné à la France, le 30 Mars
1349, confirmée par la déclaration du Roi du
2 Août 1544, & par des Lettres-Patentes des
Rois Henri II, François II, Henri IV, &c.,
rapportées en l'état du Dauphiné, par Choriez,
imprimé en 1695.

ARTICLE I.

Ceux qui auront droit de *Committimus
au grand & petit Sceau* (1) *pourront* (2)
en vertu des Lettres *qui leur feront expédiées* (3), fe pourvoir *pardevant les Juges
de leur privilege* (4), *tant en demandant
que deffendant* (5), *pour caufes civiles* (6),
perfonnelles (7), *poffeffoires* (8) *& mixtes* (9), *entieres & non conteftées* (10) pardevant autres Juges.

1. *Au grand & petit Sceau.*] Voyez la note
ci-deffus, pag. 92. V. auffi *infrà*, articles 13
& 19, pour les perfonnes qui ont droit de *Committimus* au grand Sceau, & les articles 14, 15
& 17, pour celles qui ont droit de *Committimus*
au petit Sceau.

2. *Pourront.*] Ainfi le droit de *Committimus*
eft feulement une faculté dont il eft libre au pri-

vilégié d'ufer ou de ne pas ufer, foit par une renonciation tacite en procédant volontairement devant le Juge de fon domicile, ou devant le Juge du domicile de la perfonne qu'il affigne, foit expreffément par un Acte ou par une obligation ; ce qui eft fondé fur ce que les privileges font introduits en faveur des perfonnes auxquelles ils font accordés : or, c'eft une maxime de Droit, que *unicuique licet juri in favorem fui introducto renuntiare.* (L. *pactum* 46 , *ff. de pactis.* L. *fi judex* 41 , *ff. de minor.* L. *pen. Cod. de pactis.*

3. *Qui leur feront expédiées.*] Car on ne peut affigner ni faire renvoyer en vertu du *Committimus* , fans obtenir des Lettres à cet effet. (*Infrà* , art. 12, p. 107.)

4. *Pardevant les Juges de leur privilege.*] Quand il y a concours de Privilege & que les deux Privileges font égaux, v. g. entre deux Ecoliers de deux Univerfités différentes, entre deux Officiers des Eaux & Forêts du reffort de différents Préfidiaux , &c. il faut fuivre le droit commun , c'eft-à-dire, qu'il faut fuivre le domicile du défendeur ; & fi c'eft en matiere réelle, on pourra fe pourvoir devant le Juge du lieu où la chofe eft fituée , parcequ'alors les privileges fe détruifant l'un l'autre, c'eft comme s'il n'y en avoit pas du tout. C'eft ainfi que le penfe Bacquet en fon Traité des droits de Juftice, chap. 8, n. 54.

Il en eft de même de deux Privilégiés qui auroient droit de *Committimus* au petit Sceau dans des Parlements différents.

Mais quand les privileges ne font pas de même nature, le plus fort l'emporte fur l'autre. Ainfi fi un Officier Domeftique ou Commenfal de la Maifon du Roi plaide contre un Ecolier étudiant depuis fix mois dans une Univerſité , & qu'ils veuillent ſe ſervir l'un & l'autre de leurs privileges , l'Officier eſt en droit de faire renvoyer la cauſe aux Requêtes de l'Hôtel ou du Palais du Parlement de Paris , parceque le Privilege du grand Sceau l'emporte ſur tous les autres , & que l'autorité de ces derniers Juges eſt plus grande que celle des Conſervateurs des Univerſités. (*Ita* Imbert en ſes Inſtitutions forenſes , liv. 1 , chap. 28 , n. 4 , & Bacquet en ſon Traité des droits de Juſtice , ch. 8 , n. 54.

Le Privilege des Principaux des Colleges , Docteurs , Régents & autres des corps des Univerſités , pour raiſon des penſions & autres choſes fournies à leurs Ecoliers , l'emporte ſur tous les autres , même ſur le Privilege des Requêtes de l'Hôtel ou du Palais. (*Infrà* , art. 28 , page 125.)

Dans le cas du concours de deux Privilégiés dont l'un a ſes cauſes commiſes au grand Sceau & l'autre au petit Sceau , celui qui a ſes cauſes commiſes au grand Sceau , l'emporte ſur l'autre.

Le droit de *Committimus* au grand ou au petit Sceau , l'emporte auſſi ſur celui du Scel du Châtelet de Paris , & des autres Scels attributifs de Juriſdiction.

Entre les privileges qui ſont égaux , ou dont l'un ne l'emporte pas ſur l'autre , on peut auſſi établir cette regle , que celui qui a prévenu doit l'emporter ſur l'autre , *quia in pari cauſâ potior eſt cauſa poſſidentis.* (Ainſi jugé au Bailliage d'Orléans , par Sentence du 1 Août 1737 , au profit du ſieur Levaſſor du Boucher , Ecolier de Droit , étudiant de l'Univerſité d'Orléans , contre le ſieur le Comte , Procureur du Roi des Eaux & Forêts de Romorantin , qui eſt du reſſort du Préſidial de Blois.)

Dans

Dans le concours du privilege d'un Eccléfiaftique contre un privilégié qui a droit de *Committimus* aux Requêtes du Palais ou ailleurs , il paroît que le privilege de l'Eccléfiaftique pour plaider devant l'Official en action pure perfonnelle doit l'emporter. (Ainfi jugé au Bailliage d'Orléans , par Sentence du 1 Décembre 2662 , au profit du Curé de Dampierre , contre un Ecolier qui prétendoit devoir ufer à l'égard de ce Curé du privilege de Scolarité. (V. Papon en fes Arrêts , liv. 7 , titre 17 , n. 14.)

On prétend auffi que le privilege des Bourgeois de Paris , de ne pouvoir être traduits en défendant , ailleurs que devant le Prévôt de Paris , fait ceffer tous les autres Privileges ; ce qui réfulte des termes de l'article 112 , de la Coutume de Paris. (V. Dupleffis fur cet article , & Bacquet, Traité des droits de Juftice , chap. 8 , n. 41.)

Au refte , ce privilege n'a pas lieu en matiere réelle ; (ainfi jugé par plufieurs Arrêts , & entre autres par un du 28 Décembre 1605 ;) ce qui eft auffi conforme à ce qui s'obferve pour les *Committimus.* (V. *infrà* , art. 24 de ce titre , pag. 119.)

5. *Tant en demandant qu'en défendant.*] Le principal effet du privilege eft de donner à celui qui en jouit , le droit d'affigner en demandant , pardevant le Juge de ce privilege.

Quand on veut affigner un privilégié , on n'eft pas obligé de l'affigner devant le Juge de fon privilege : on peut , fi l'on veut , l'affigner devant le Juge de fon domicile ; mais fi ce privilégié demande fon renvoi devant le Juge pardevant lequel il a fes caufes commifes , il faudra faire droit fur fa demande.

Si le privilégié avoit d'abord été affigné de

vant le Juge de son privilege, il ne pourroit demander son renvoi pardevant le Juge de son domicile. *Invitus enim illum judicem habere debet, quem invito quoque adverfario poteft eligere.* V. la Loi 7, C. *de Jurifdictione omnium judicum.* Tel eft auffi le fentiment de Vulteius, en fon Traité *de Judiciis*, lib. 2, cap. 7, n. 159.

Un privilégié qui intervient dans une caufe, peut auffi la faire renvoyer devant le Juge de fon privilege. Ce droit réfulte de la difpofition de l'art. 21 ci-après, & de celle de l'article 2 du tit. 29 de l'Ordonnance de 1667.

Au refte, ce renvoi ne pourroit être demandé par un privilégié qui interviendroit en caufe d'appel feulement, à moins que fes droits n'euffent pas encore été ouverts, & que lui ou fes auteurs n'euffent pû agir avant le jugement rendu en caufe principale. (Argum. tiré de l'Ordonnance des Evocations du mois d'Août 1737, tit. 1, article 18, ci-deffus, pag. 21.)

Mais il faut que celui qui forme ainfi fon intervention, foit intéreffé en fon nom, ou comme héritier, ou à autre titre univerfel & particulier, de bonne foi & fans fraude.

Les privilégiés affignés en garantie, peuvent auffi demander leur renvoi devant le Juge de leur privilege. (Ordon. de 1667, tit. 8, art. 8.) On prétend même que dans ce cas, le privilégié peut faire évoquer l'inftance principale pardevant le Juge de fon privilege, fur-tout aux Requêtes de l'Hôtel & du Palais : (*Ita* Bacquet, en fon Traité des droits de Juftice, chap. 8, n. 44,) ce qui paroît néanmoins fouffrir difficulté. Il paroît plus naturel de disjoindre cette inftance en garantie de l'inftance principale, & de les juger féparément. (V. l'art 13, du tit. 8 de l'Ordonnance de 1667.)

6. *Pour caufes civiles.*] Mais non pour les caufes criminelles. (V. *fuprà*, tit. 1 , art. 36 , avec les notes , pag. 43 . 44 & 45.)

Ni pour celles de Police. (*Infrà*, art. 16 , page 124.

7. *Perfonnelles.*] Les actions perfonnelles font celles par lefquelles nous agiffons contre ceux qui nous font perfonnellement obligés , foit en vertu d'un contrat ou quafi contrat , foit en vertu d'un délit , ou quafi délit qui fe pourfuivent civilement , ou contre les héritiers de ces obligés.

L'action en paiement de legs , eft une action perfonnelle, qui eft par conféquent fujette à l'évocation des *Committimus*. (L. 38 , *ff. de Judiciis*.)

L'action en reddition de compte , eft auffi une action perfonnelle , qui eft fujette au droit de *Committimus* , & elle peut être évoquée ou portée pardevant le Juge du privilege du comptable , ou de celui à qui le compte doit être rendu ; ce qui n'eft pas contraire à la difpofition portée en l'article 2 , du titre 29 de l'Ordonnance de 1667. Mais quand le compte eft porté devant le Juge ordinaire qui en doit connoître , c'eft-à-dire devant le Juge du domicile du comptable , ou devant le Juge qui l'a commis , ce compte ne peut être évoqué ni renvoyé en une autre Jurifdiction , fous prétexte de faifie ou intervention de quelque créancier privilégié de l'une ou l'autre des parties.

L'action à fin d'exhiber les contrats de chofes acquifes dans la mouvance de quelque Seigneur , doit auffi être mife au nombre des actions perfonnelles , quoiqu'elle foit donnée par la Coutume , & qu'elle ne procede point d'un contrat. (*Ita Imbert* , en fes Inftit. forenf. l. 1 , chap. 28 , n. 5.)

Il en eft de même , lorfque le Seigneur demande un devoir féodal contre son Vassal. (Imbert, *ibidem.*). En un mot, l'action est personnelle toutes les fois qu'elle est dirigée contre la personne.

8. *Possessoires.*] Les actions *possessoires* sont celles par lesquelles on agit contre quelqu'un pour être maintenu dans la possession d'un fond ou d'un droit réel, quand on y est troublé ; ou pour la recouvrer, quand on en a été dépouillé. Sous cette action est aussi compris le possessoire des Bénéfices.

Les actions confessoires & négatoires, quand elles sont poursuivies au pétitoire, sont des actions réelles, contre lesquelles par conséquent le droit de *Committimus* n'a pas lieu, suivant l'article 24 ci-après. (V. cet article avec les notes, page 119.)

9. *Et mixtes.*] Les actions *mixtes* sont celles qui sont en partie réelles, & en partie personnelles : telle est l'action de partage entre cohéritiers ou copropriétaires qui possedent quelque chose en commun & par indivis ; & l'action de bornage entre voisins, pour faire mettre & planter des bornes entre leurs héritages.

On peut aussi mettre au nombre des actions mixtes, toutes celles qui sont en parties réelles & en partie personnelles, comme sont les actions *in rem scripta.* Le privilege du *Committimus* a lieu pour ces sortes d'actions : *quia actio persoalis est dignior reali.* Telle est l'action de rescision de contrat, de restitution en entier, & autres. (V. Bacquet, Traité des droits de Justice, chap. 8, n. 29.)

La disposition de cet article ne parlant que des actions personnelles, possessoires & mixtes, il s'ensuit que les actions réelles ne sont point sujettes au droit de *Committimus* ; comme s'il s'agit d'une demande en revendication d'héritage, & autres matieres réelles, ainsi qu'il est dit ci-après en l'article 24 de ce titre, qui ajoute, *encore que par le même exploit la demande fût faite à fin de restitution de fruits.*

Il faut aussi observer, que tout ce qui est de Jurisdiction volontaire, & tout ce qui concerne l'instruction dans une instance liée devant un Juge, n'est point sujet au droit de *Committimus*, lorsque l'instance elle-même n'y est pas sujette. (V. ce qui est dit ci-après, art. 24, aux notes, pag. 119.)

10. *Entieres & non contestées*] Parceque les personnes privilégiées qui sont parties ou interviennent dans une instance, doivent proposer leur privilege avant que la cause ait été contestée ; autrement elle n'est pas sujette au renvoi. (L. 30, *ff. de Judiciis. L. Nemo post litem contestatam*, 4 *Cod. de Jurisdict. omn. Judic. L.* 13, *Cod. de except. L. 2, si quis in jus. L.* 18, *&* 19, §. *de Jurisdict.*)

Il en est de même d'un privilégié qui seroit héritier d'un défunt dont la cause auroit été contestée devant un autre Juge : car cet héritier ne seroit pas en droit, en vertu de son privilege, de distraire la cause de la Jurisdiction qui en est saisie. (L. *si quis in jus Romæ* 34, *ff. de Judiciis.*)

Il faut aussi observer, que si quelqu'un après avoir été appellé en jugement, devient privilégié, ou acquiert le droit de *Committimus*, il ne peut demander son renvoi devant le Juge de son privilege : car le tems du privilege s'estime par le tems où la cause a commencé. (*L.* 7, *ff. de Judiciis.*) Ainsi jugé par Arrêt du 26 Mars 1599, rapporté par Joli, tom. 2, pag. 861, & par un autre Arrêt du 7 Février 1708, rapporté au Journal des Audiences, tom. 5.

Article II.

Les Lettres de *Committimus* ne pourront estre expédiées au grand Sceau, ni les privilegiez en user, lorsqu'il s'agira *de distractions de ressort d'un Parlement* (1), que pour la somme de mille livres & au dessus; & au petit Sceau pour deux cents livres, dont sera fait mention dans les Lettres, à peine de nullité.

1. *De distraction de ressort d'un Parlement.*] Mais quand il ne s'agit pas de distraire la partie assignée du ressort du Parlement où elle a sa résidence, le droit de *Committimus* a lieu indistinctement en faveur du privilégié, quelque modique que soit la somme qui forme l'objet de la contestation.

Article III.

Lorsqu'il ne s'agira que de deux cents livres ou au-dessous (1) voulons qu'à la réquisition des petits Officiers de nostre Maison compris dans l'Estat qui en sera arresté, *il soit sursis pendant leur service actuel toutes procédures* (2) & jugements, dans les affaires seulement pour lesquelles ils pourroient obtenir nos Lettres de *Committimus.*

1. *Lorsqu'il ne s'agira que de deux cents livres ou au-dessous.*] Au-dessous de cette somme, il n'y a pas lieu à la surséance portée par cet article, parcequ'alors les Officiers dont il est

ici parlé , jouïſſent de leur droit de *Commit-*
timus.

2. *Il ſoit ſurſis pendant leur ſervice actuel à*
toutes procédures.] Sans qu'il ſoit beſoin de
Lettres d'Etat. (V. ci-après , titre 5 , article 2
& 3 , page 133 & 134.

Article IV.

Les meſmes ſurſéances ſeront accordées aux Officiers *de pareille qualité* (1)
des Maiſons des Reines , Enfants de
France , & Premier Prince de noſtre
Sang.

De pareille qualité.] V. les notes ſur l'article
précédent.

Article V.

Pourront neantmoins les parties ſe
retirer pardevant Nous , pour obtenir
main-levée des ſurſéances accordées *aux*
Officiers ordinaires (1) , dans le cas que
nous jugerons à propos.

1. *Aux Officiers ordinaires.*] C'eſt-à dire , aux
petits Officiers ordinaires , dont il eſt parlé dans
les deux articles précédents.

Article VI.

Aucunes Lettres de *Committimus* ne
ſeront ſignées ni ſcellées ès Chancelleries
eſtablies près nos Cours de Parlement ,
qu'elles ne ſoyent paraphées par les Maiſtres des Requeſtes ordinaires de noſtre

Hoftel, ou gardes de nos Sceaux, & la date remplie de leur main, *à peine de nullité* (1).

1. *A peine de nullité.*] Ainſi ces Lettres étant nulles, il n'eſt pas permis d'en faire uſage dans le cas où l'on en auroit obtenu qui n'auroient point été paraphées par les Maîtres des Requêtes ou Gardes des Sceaux, ou dont la date n'auroit pas été remplie de leur main ; autrement tout ce qui ſe feroit en conſéquence de ces Lettres, ſeroit nul.

Article VII.

Les *Committimus* ne ſeront valables *après l'année de leur expédition* (1), ni les exploits faits en vertu de Lettres ſurannées dont ſera fait mention dans les *Committimus*, *à peine de nullité* (2).

1. *Après l'année de leur expédition.*] Il en eſt autrement à l'égard des Lettres de Garde-Gardienne ; elles ne ſont point annales comme les *Committimus*, & par conſéquent ne tombent point en ſurannation.

2. *A peine de nullité.*] Voyez la note ſur l'article précédent.

Article VIII.

Deffendons à tous Huiſſiers ou Sergents de faire aucuns exploits en vertu de Lettres de *Committimus*, s'ils n'en ſont porteurs, *& ſeront tenus d'en donner copie* (1) avec l'aſſignation, à peine de nullité de l'exploit, *& de cinquante* *livres d'amende* (2) envers nous contre les Huiffiers ou Sergents.

1. *Et feront tenus d'en donner copie.*] Il en eft de même à l'égard des Lettres de Garde-Gardienne.

2. *Et de cinquante livres d'amende , &c.*] Lorfqu'il arrive qu'un Huiffier diftrait un particulier hors de fa Jurifdiction , en l'affignant aux Requêtes de l'Hôtel ou du Palais en vertu de Lettres de *Committimus* dont il ne laiffe point de copie, on peut le condamner par corps à rapporter la commiffion & l'exploit, & à faire décharger de l'affignation.

ARTICLE IX.

Les renvois feront faits en vertu des *Committimus* , par l'exploit d'affignation donné à la partie ou à fon Procureur, s'il y en a un conftitué, *fans que les Huiffiers ou Sergents foient tenus d'en faire réquifition aux Juges* (1).

1. *Sans que les Huiffiers ou Sergents foient tenus d'en faire requifition aux Juges.*] Il n'en eft pas de même lorfqu'il s'agit du droit de Garde-Gardienne ; car fi la caufe avoit été portée devant un autre Juge , il faudroit lui demander le renvoi. (V. Bacquet , Traité des droits de Juftice, chap. 8 , n. 53 , & Chenu , Centurie 1 , chap. 87.)

ARTICLE X.

Du jour de la fignification du renvoy, toutes pourfuites , procédures & jugements *surseoiront en la Jurisdiction* (1), d'où le renvoy sera demandé ; & où il y auroit quelques procédures faites au préjudice, la cassation en sera requise, judiciairement, s'il n'y a point de Procureur constitué de la part du deffendeur en renvoy ; ou par requeste signifiée, s'il y a Procureur ; & tout ce qui aura esté fait au préjudice du renvoy, *sera cassé* (2), encore qu'il n'y eust lieu à la rétention de la cause.

1. *Surseoiront en la Jurisdiction, &c.*] Parceque les Officiers des Requêtes de l'Hôtel & du Palais, sont seuls Juges de leur compétence ou incompétence, & que dans les Lettres de *Committimus*, c'est le Roi qui parle. (V. Imbert, Instit. for. liv. 1, chap. 8, n. 2.

Mais cela n'empêche pas que la partie qui prétend que l'affaire n'est pas sujette au droit de *Committimus*, ne puisse contester le privilege de celui qui en veut user, & soutenir que l'affaire doit être renvoyée devant les Juges ordinaires, même faire condamner cette partie en l'amende, si elle n'étoit pas privilégiée, comme il est porté ci-après en l'art. 32, pag. 129.

2. *Sera cassé.*] Les Officiers des Requêtes de l'Hôtel ou du Palais, ne peuvent casser une procédure, lorsque la contestation n'est pas encore pendante devant eux ; mais ils doivent avant tout, commencer par évoquer. (Arrêt du 30 Juillet 1706, rapporté au Journal des Audiences, tom. 6.)

Article XI.

Aucune évocation ne pourra eftre faite aux Requeftes de noftre Hoftel ou du Palais, fous prétexte de litifpendence, *fi ce n'eft entre mefmes parties, ou pour raifon du mefme fait* (1); & fera la demande à fin d'évocation faite par Requefte fignifiée, pour y eftre fait droit à l'Audience, & non autrement; fans toutefois que la demande puiffe faire furfeoir les procédures ni le jugement de la Jurifdiction, d'où l'évocation fera requife, jufqu'à ce qu'elle ait efté accordée & fignifiée.

1. *Si ce n'eft entre mêmes parties & pour raifon du même fait.*] Car il n'eft pas jufte qu'une caufe foit portée en même-tems en deux Jurifdictions différentes ; cela jetteroit les parties dans des frais inutiles & des longueurs fuperflues. Or dans le concours de Jurifdictions, il eft jufte que celle des Requêtes de l'Hôtel ou du Palais, comme la principale, l'emporte fur les Juges inférieurs.

Lorfque la caufe n'eft pas entre les mêmes parties pour le même fait, il n'y a pas lieu à l'évocation. Il n'eft donc pas permis fous prétexte d'une oppofition formée par un privilégié à une faifie réelle, d'évoquer pardevant le Juge du privilege, la pourfuite entiere de la faifie réelle. (V. *infrà*, art. 24, note 5, pag. 122.)

A T I C L E XII.

Aucunes Commiſſions ne ſeront délivrées aux Requeſtes de noſtre Hoſtel,
ou du Palais, pour appeller partie, *ſans
Lettres de Committimus* (1), encore que
le demandeur fuſt notoirement privilégié, à peine de nullité des procédures
& Jugements.

1. *Sans Lettres de Committimus.*] Voyez ci-
deſſus, article 1, pag. 93.

A R T I C L E XIII.

Voulons qu'à l'avenir il n'y ait que
ceux cy-après déclarez, qui puiſſent jouir
du droit de *Committimus* du grand Sceau,
ſavoir les Princes de noſtre Sang, les
Princes reconnus en France, Ducs &
Pairs, & autres Officiers de noſtre Cou-
ronne, les Chevaliers & Officiers de
noſtre Ordre du Saint Eſprit, les deux
plus anciens Chevaliers de l'Ordre de
Saint Michel ; les Conſeillers en noſtre
Conſeil qui ſervent actuellement, ceux
que nous aurons employez dans les Am-
baſſades ; les Maiſtres des Requeſtes ordinaires de noſtre Hoſtel, les Huiſſiers
de noſtre Conſeil ; les Préſidents, Conſeillers, nos Avocats & Procureurs Généraux, Greffier en chef, & premier
Huiſſier de noſtre grand Conſeil, ſans

que cy-après ils ayent leurs caufes commifés en premiere inftance en la grande Prévofté de France ; le grand Prévoft de noftre Hoftel, fes Lieutenants, noftre Avocat & Procureur, & Greffier ; nos Confeillers & Secretaires, & autres Officiers de la Chancellerie de France, *les quinze anciens Avocats de noftre Confeil* (1) fuivant l'ordre du tableau ; les Agents généraux du Clergé de France pendant leur Agence ; les Doyen, Dignités, & Chanoines de l'Eglife de Noftre-Dame de Paris ; *les quatre plus anciens de l'Académie Françoife* (2) eftablie à Paris, fuivant l'ordre de leur réception, qui fera juftifié par un extrait figné du Secrétaire de l'Académie ; les Capitaines, Lieutenans, Sous-Lieutenans, Enfeignes, Commiffaires d'ancienne création, Sergent-Major & fon Ayde, Prevoft, & Marefchal des Logis du Régiment de nos Gardes, les Officiers, domeftiques & Commenfaux de noftre Maifon, & de celles des Reines, Enfans de France, & Premier Prince de noftre fang, dont les Eftats font portez à la Cour des Aydes, & qui fervent ordinairement ou par quartier, aux gages de foixante livres au moins ; tous lefquels Officiers domeftiques feront tenus de faire apparoir par certificats en

bonne forme, qu'ils y font couchez &
employez ; Deffendons aux Greffiers de
noftre Cour des Aydes d'en expédier ou
délivrer qu'à ceux qui y feront employez,
à peine de faux, & des dommages &
intérefts des parties en leurs noms ; &
fans qu'aucun de ceux qui feront employez dans les Eftats par honneur, puiffe jouir du privilege. Voulons néantmoins que nos Officiers de la qualité
cy-deffus vétérans, après en avoir obtenu nos Lettres, & non autrement,
jouiffent de pareil privilege.

1. *Les quinze Anciens Avocats de notre Con-*
feil.] Aujourd'hui tous les Avocats au Confeil
jouiffent de ce droit, fuivant un Arrêt du Confeil du 26 Octobre 1671, confirmé par un autre
du 18 Décembre 1740.

2. *Les quatre plus anciens de l'Académie Fran-*
çoife.] L'Académie Françoife entiere a été réta-
blie au droit de *Committimus* par une Déclaration du 5 Octobre 1673, confirmée plufieurs
fois depuis, & nouvellement enregiftrée au Parlement le 5 Février 1721.

Article XIV.

Jouiront du droit de *Committimus* du
petit Sceau les Officiers de nos Cours
de Parlement (1) favoir les Préfidents,
Confeillers, nos Avocats, & Procureurs
Généraux, Greffiers en chef, Civil &
Criminel, & des préfentations, Secre-

taires, & premier Huiſſier, les Commis
& Clercs du Greffe ; Comme auſſi noſtre Avocat & Procureur, & Greffier en
chef des Requeſtes de notre Hoſtel, &
le Greffier en chef des Requeſtes du Palais : Les Officiers de nos Chambres des
Comptes ; ſavoir les Préſidents, Maiſtres, Correcteurs , & Auditeurs , nos
Avocats & Procureurs Généraux , Greffier en chef, & premier Huiſſier : Les
Officiers de noſtre Cour des Monnoyes ;
ſavoir les Préſidents, Conſeillers, nos
Avocats, Procureurs Généraux, Greffier
en chef , & premier Huiſſier : *Les ſix*
anciens Tréſoriers Généraux de France
eſtablis à Paris , & les quatre anciens
des autres Généralitez (2), entre leſquels
pourront eſtre compris noſtre premier
Avocat & Procureur ſuivant l'ordre de
leur réception : Les Conſeillers & Secretaires des Chancelleries établies près nos
Parlements, *Chambres my-parties* ( ),
Chambres des Comptes, & Cours des
Aydes : Le Prévoſt de Paris , ſes Lieutenants Généraux , Civil *de Police* (4) ,
Criminel & Particulier , & noſtre Procureur au Chaſtelet : Le Bailly , Lieutenant, & noſtre Procureur au Bailliage
de noſtre Palais à Paris : le Préſident ,
le Doyen , & noſtre Procureur en l'E-
lection de Paris : Les Officiers vétérans

de la qualité cy deſſus, après en avoir obtenu nos Lettres, & non autrement, jouiront du meſme privilege : Les Doyen, Chantre & plus ancien des Chanoines de l'Egliſe de Saint Germain de l'Auxerrois à Paris, & le Chapitre pour les affaires communes : le College de Navarre pour les affaires communes de la maiſon ; & les Directeurs *de l'Hoſpital Général de Paris* (5).

(1) Par des Lettres Patentes en forme d'Edit du 28 Décembre 1724, les Préſidents, Conſeillers, Avocats & Procureurs Généraux, Greffiers en chef civil & criminel, & le premier Huiſſier du Parlement de Paris, jouiſſent du privilege de *Committimus* au grand Sceau aux Requeſtes de l'Hôtel ou du Palais à Paris à leur choix ; & les Conſeillers-Commiſſaires aux Requêtes du Palais, ſeulement aux Requêtes de l'Hôtel, ſuivant l'art. 19 ci-après.

2. *Les ſix anciens Tréſoriers Généraux de France établis à Paris, & les quatre anciens des autres Généralités.*] Suivant un Edit du mois de Juin 1672, confirmé depuis par un autre Edit du mois d'Avril 1694, tous les Tréſoriers de France des Généralités du Royaume, jouiſſent du droit de *Committimus* au petit Sceau.

Les Officiers de l'Election de Paris jouiſſent auſſi du droit de *Committimus* au petit Sceau, ſuivant des Lettres-Patentes du mois de Juillet 1688.

Ainſi que ceux du Grenier à ſel de la même Ville, ſuivant d'autres Lettres-Patentes du mois de Mai de la même année 1688.

Les Huiſſiers du Parlement & des Requêtes du

Palais de Paris jouiſſent auſſi du même privilege.
(Lettres-Patentes du mois de Décembre 1686.)

3. *Chambres mi-parties.*] Voyez la note 1,
ſur l'article 10, du titre ci-deſſus, page 14.

4. *De Police.*] Les Lieutenants - Généraux de
Police des autres Villes du Royaume, jouiſſent
auſſi du même droit de *Committimus*, ſuivant
l'Edit de création de ces Officiers du mois d'Octobre 1699.

5. *Sur la fin de l'article.*] Un Arrêt du Conſeil du 23 Septembre 1678, attribue aux Evêques pour raiſon des biens de leurs Evêchés, le
droit de *Committimus* aux Requêtes du Palais des
Parlements dans le reſſort deſquels ces biens ſont
ſitués. Il y a même eu depuis des Lettres-Patentes du 20 Juillet 1680, conformes à cet Arrêt;
mais ces Lettres-Patentes n'ont point été enregiſtrées au Parlement, & j'ai toujours vu ces
ſortes de cauſes portées en premiere inſtance au
Bailliage d'Orléans pour raiſon des biens dépendants de l'Evêché de cette Ville, du moins pour
ceux ſitués dans l'étendue du Reſſort de ce
Siege.

ARTICLE XV.

Le Prévoſt des Marchands, & Eſchevins de noſtre bonne Ville de Paris
pendant leurs Charges, les Conſeillers
de Ville, noſtre Procureur, Receveur,
& Greffier, le Colonel des trois cents
Archers de la Ville, jouiront pareillement *du droit de Committimus* (1)

1. *Du droit de Committimus.*] C'eſt-à-dire,
du droit de *Committimus* au petit Sceau : car
cet article eſt une ſuite du précédent.

Article XVI.

Ne pourront les maris *uſer du droit de Committimus appartenant à leurs fem-mes* (1), ſervant dans les Maiſons Roya-les, & employées dans les Eſtats en-voyez à la Cour des Aydes : *mais les femmes ſéparées* (2) jouiront *du meſme droit de Committimus que leurs maris* (3); comme auſſi les veuves de ceux *qui ſe-ront décedez en jouiſſance du privilege* (4), tant qu'elles demeureront en viduité.

    1. *Uſer du droit de Committimus appartenant à leurs femmes.*] *Nam uxor nobilitatur à marito; virum autem ab uxore nobilitari & privilegio de-corari non decet.* **L.** *cum te* 10, & **L.** *ult.* **C.** *de nuptiis.* **L.** *mulieres* 13, **C** *de dignit.*

    2. *Mais les femmes ſéparées.*] Il a même été jugé par Arrêt du 7 Septembre 1707, rendu ſur les concluſions de M. l'Avocat Général le Nain, & rapporté au Journal des Audiences tom. 5, que la femme jouiſſoit de ce droit dans le cas d'une demande en ſéparation donnée contre ſon mari, quoiqu'il ne voulût pas uſer de ſon privilege.

    3. *Du même droit de Committimus de leurs maris.*] Il en eſt de même de tous les autres privileges.

    4. *Qui ſeront décédés en jouiſſance du privi-lege.*] Soit en qualité de titulaires, ſoit en qua-lité de vétérans.

Article XVII.

Les douze anciens Avocats de noſtre Cour de Parlement de Paris, & ſix des autres Parlements, *du nombre de ceux qui sont appellez au jour des serments* (1), dont le rôle sera attesté par les premiers présidents, nos Avocats & Procureurs Généraux, jouiront du mesme privilege de *Committimus* au petit Sceau; & sera le rôle porté par chacune année en nos Chancelleries establies près les Parlements.

1. *Du nombre de ceux qui sont appellés au jour des serments.*] Pourvu qu'ils servent actuellement au Palais, & qu'ils résident sur le lieu.

Article XVIII.

Les Eglises, Chapitres, Abbayes, Prieurez, Corps & Communautez, *qui prétendent droit de Committimus* (1) *se-ront tenus d'en rapporter les titres* (2) à noftre Chancelier, pour, au rapport de Conseillers de noftre Conseil, qui seront par lui commis, y estre par nous pourvû, & l'Extrait envoyé ès Chancelleries de nos Parlements; & jusqu'à ce qu'ils y ayent satisfait, ne leur seront accordées aucunes Lettres.

1. *Qui prétendent droit de Committimus.*] Cet article ne concerne que les *Committimus*, & non les Lettres de Garde-Gardienne.

2. *Seront tenus d'en rapporter les titres.*] Cette disposition a depuis été renouvellée par plusieurs réglements, & notámment par Arrêts du Conseil

des 22 Janvier 1678 , 3 Octobre & 23 Décembre 1699 , & par une Déclaration du 19 Avril 1727 , qui ordonne que ceux qui n'ont point repréſenté leurs titres depuis l'Ordonnance du mois d'Août 1669 , & les Arrêts du Conſeil ci-deſſus , ſeront tenus de les repréſenter avant le premier Janvier 1728 , faute de quoi , ils demeureront déchus de tout droit de *Committimus.*

Article XIX.

Les Maiſtres des Requeſtes , les Officiers des Requêtes de noſtre Hoſtel , & leurs veuves , ne pourront plaider en vertu de leurs *Committimus* , qu'aux Requeſtes de noſtre Palais à Paris : Comme auſſi les Préſidents , Conſeillers & autres Officiers des Requeſtes du Palais de noſtre Parlement de Paris , & leurs veuves , ne pourront plaider en vertu de leurs privileges , *qu'aux Requeſtes de noſtre Hoſtel* (1) , dont il ſera fait mention dans les Lettres ; & ſans que la clauſe de pouvoir plaider à leur choix dans l'une des deux Juriſdictions y puiſſe eſtre inſérée , à peine de nullité , & de tout ce qui aura eſté fait en conſéquence.

1. *Qu'aux Requêtes de notre Hôtel.*] Voyez ci-deſſus , tit. 1 , art. 9 & 44 , pag. 12 & 56 , une diſpoſition ſemblable à l'égard des évocations.

Article XX.

Les Préſidents & Conſeillers des Requeſtes du Palais de tous nos autres Parlemens, auront pour Juge de leur privilege, *le principal Siege ordinaire de leur reſſort* (1).

1. *Le principal Siege ordinaire de leur Reſſort.*] C'eſt-à-dire, le Bailliage ou la Sénéchauſſée Royale du lieu où ils ont leur réſidence, & le Préſidial dans les cas Préſidiaux.

Aʀᴛɪᴄʟᴇ XXI.

Ne pourront les privilegiez uſer du droit de *Committimus* ès cauſes & procès où ils feront parties principales, *ou intervenantes* (1) *en vertu de tranſports à eux faits* (2), ſi ce n'eſt pour debtes véritables, & par actes paſſez pardevant Noraires, *& ſigniſiez* (3) *trois ans avant l'action intentée* (4); deſquels tranſports les Privilegiez feront tenus de donner copie avec l'aſſignation, meſme en affirmer la vérité en jugement, en cas de déclinatoire, & s'ils en font requis, à peine de cinq cents livres d'amende contre ceux qui auront abuſé de leurs privileges, applicable moitié à nous, moitié à la partie.

1. *Ou intervenantes.*] Voyez la note 5, ſur l'article 1 de ce titre, ci-deſſus, pag. 97.
2. *En vertu de tranſports à eux faits.*] Voyez *infrà* articles 2; & 30, ſur la fin.

3. *Et signifiés.*] Car un simple transport qui n'est pas signifié, ne saisit point. (Coutume de Paris, article 108.)

4. *Trois ans avant l'action intentée.*] Autrement ce transport est présumé simulé & fait en fraude, pour distraire de la Jurisdiction ordinaire.

Voyez une exception à cette disposition, en l'article qui suit.

ARTICLE XXII.

N'entendons néantmoins comprendre en la prohibition de l'Article cy-dessus, en ce qui concerne la date des cessions & transports, ceux qui seront faits par Contract de mariage, *par des partages, ou à titre de donation* (1) bien & deuëment insinuée, à l'égard desquels les Privilégiez pourront user de leur *Committimus*, quand & ainsi que bon leur semblera.

1. *Par des partages ou à titre de donation, &c.*] Parcequ'alors la fraude ne peut se présumer de la part du Privilégié.

ARTICLE XXIII.

Les Privilégiez ne pourront pareillement se servir de leur *Committimus*, pour assigner aux Requestes de nostre Hostel ou du Palais *les débiteurs de leurs débiteurs* (1), pour affirmer ce qu'ils doivent, si leur créance n'est établie par pieces authentiques paſſées *trois années avant l'aſſignation donnée* (2), & feront en outre tenus d'affirmer, s'ils en font requis, que leur créance eſt véritable, & qu'ils ne preſtent point leur nom ; le tout fous les peines portées par les précédents Articles.

1. *Les débiteurs de leurs débiteurs.*] Il fuit de ces termes, que ceux qui ont droit dé *Committimus*, peuvent évoquer les inſtances de faifies & Arrêts pardevant les Juges de leurs privileges ; mais il ne paroît pas que cela doive s'étendre aux faifies mobiliaires, qui font de véritables matieres réelles. (V. l'article qui fuit en la note 5, fur les mots, *ou pour matieres réelles.*)

2. *Trois années avant l'aſſignation.*] Voyez *fuprà*, art. 21 , pag. 117, & *infrà*, art. 30, fur la fin , pag 128.

Aʀtɪcle XXIV.

Ne pourront auſſi avoir lieu les Committimus (1) ès demandes pour paſſer *déclarations ou titre nouvel de cenſives ou rentes foncieres* (2), ni pour payement des arrérages qui en feront deus, à quelques fommes qu'ils puiſſent monter, *ni aux fins de quitter la poſſeſſion d'héritages* (3) ou immeubles, *ni pour les Eſlections, tutelles, curatelles, fcellez, & inventaires* (4), acceptation de garde-noble *ou pour matieres réelles* (5), encore que par le mefme exploit la demande fût faite *à fin de reſtitution de fruits.* (6)

1. *Ne pourront aussi avoir lieu les Committi-mus.*] Cet article regarde aussi les privileges, dont il a été parlé en la note sur le sommaire de ce titre, n. 5, 7, 8 & 10, ci-dessus, pages 97, 98, 99 & 100.

2. *Déclarations ou titre nouvel de censives ou rentes foncieres.*] A l'égard de l'action hypothécaire, il faut observer qu'il y en a de trois sortes. La premiere, qui consiste uniquement à faire déclarer un héritage hypothéqué à une telle dette ou à une telle rente : on appelle cette hypotheque subsidiaire. La seconde, qui se donne contre le détenteur d'un héritage hypothéqué à une dette ou rente, à ce qu'il soit tenu de délaisser cet héritage, si mieux il n'aime payer la dette ou rente à laquelle cet héritage est affecté. Et la troisieme, qui est accessoire à l'obligation personnelle, & qu'on appelle pour cet effet personnelle hypothécaire, par laquelle on conclut contre un des héritiers & bien-tenants de l'obligé au paiement de la dette contractée par l'obligé. De ces trois sortes d'actions, la premiere est pure réelle, & par conséquent n'est pas sujette au droit de *Committimus*, suivant ce qui est dit à la fin de cet article. (*Ita* Imbert en ses Instit. For. liv. 1, chap. 18, n. 5, qui ajoute même que cela a été ainsi jugé par Arrêt du 19 Août 1510.) La seconde de ces actions est aussi réelle, & paroît être comprise dans la disposition portée en la suite de ce même article 24, par laquelle il est dit, que le droit de *Committimus* n'a lieu pour demander aux fins de quitter la possession d'un héritage. A l'égard de la troisieme espece d'actions, comme elle est plutôt personnelle qu'hypothécaire, elle est sujette au droit de *Committimus*. (V. Imbert, *ibidem*, & Papon en ses Arrêts, liv. 7, titre 7, n. 55.)

3. *N*

3. *Ni aux fins de quitter la possession d'héritages.*] L'action en retrait lignager ayant pour fin de faire quitter la possession d'un héritage, paroît aussi renfermée dans cette disposition.

Au reste, il faut observer que cette disposition, ainsi que celle qui regarde les matieres réelles, dont il est parlé à la fin de cet article, ne reçoit son application que pour les *Committimus,* & non pour le privilege de Garde-Gardienne, ni pour celui des Communautés qui ont leurs causes commises au Grand Conseil : car ces derniers privileges ont lieu en matiere réelle, & même ils sont principalement accordés pour raison des biens qui appartiennent aux Corps & Communautés qui jouissent de ce privilege, ainsi qu'il a été observé ci-dessus en la note sur le sommaire de ce titre, n. 3, & 4, pag. 86 & 87.

4. *Ni pour les élections , tuteles , curateles , scellés & inventaires*] En général il n'y a point de privilege pour tout ce qui est de Jurisdiction volontaire, ni pareillement en matiere d'instruction des causes pendantes devant un autre Juge, v. g. en matiere d'Enquête, d'information, &c.

C'est sur ce fondement que, quand il s'agit d'une simple reconnoissance de cédule ou promesse, le privilégié est tenu de répondre devant le Juge de son domicile ou de sa résidence, lorsqu'il y est assigné, sans pouvoir pour raison de cette reconnoissance demander son renvoi pardevant le Juge de son privilege, suivant la disposition de l'Ordonnance de 1539, art. 92, & de celle de Roussillon, art. 10. Mais après la reconnoissance jugée, il faut renvoyer la connoissance du principal devant le Juge du privilege, si le renvoi y est demandé. Arrêt du 29 Avril 1606, rendu entre le Prévôt & le Sénéchal de Montmorillon, rapporté par Joli , tom. 2 , pag. 885. V. auſſi l'Edit de Cremieu , article 16.)

5. *Ou pour matieres réelles.*] Voyez ci-deſſus la note 2 , page 119.

Les actions confeſſoires & négatoires étant des actions réelles , ne ſont point ſujettes au droit de *Committimus* ; comme ſi le demandeur conclut à ce qu'un droit , v. g. de Juriſdiction , fief , ſervitude ou autre droit réel , ſoit déclaré lui appartenir ſur quelque héritage ou maiſon du défunt. *Ita* Imbert , en ſes Inſtit. for. liv. 1 , chap. 28 , n. 5.

Mais ſi cette action eſt pourſuivie au poſſeſſoire , alors elle eſt ſujette au *Committimus* , ſuivant l'article premier de ce titre , ſauf à revenir pour le pétitoire devant le Juge ordinaire du lieu.

Puiſque les matieres réelles ne ſont point ſujettes au droit de *Committimus* , il s'enſuit que les inſtances de ſaiſies réelles n'y ſont pas non plus ſujettes. Néanmoins le contraire s'obſerve ſouvent dans l'uſage , mais par un uſage abuſif. Et non-ſeulement lorſque le ſaiſiſſant a droit de *Committimus* , on eſt dans l'uſage de porter la cauſe aux Requêtes de l'Hôtel du Palais ; mais il ſuffit qu'il ſe trouve un des oppoſants privilégié , pour qu'il lui ſoit permis d'y faire évoquer l'affaire ; ce qui eſt directement contraire à l'article 11 de ce titre , page 106 , qui porte » qu'aucune évocation ne ſera faite » aux Requêtes de l'Hôtel du Palais ſous pré-» texte de litiſpendance , ſi ce n'eſt entre les » mêmes parties & pour raiſon du même fait ; & auſſi à l'article 17 du titre des évocations de la préſente Ordonnance , ci-deſſus , page 20 , qui porte » qu'on ne peut évoquer les décrets » ni les ordres , mais ſeulement les oppoſitions » qui y ſont faites. La nouvelle Ordonnance

des évocations du mois d'Août 1737, titre 1,
article 25, va encore plus loin ; elle porte
» que les décrets, les pourſuites de criées, &
» les ordres, ne pourront être évoqués, ni pa-
» reillement les oppoſitions aux ſaiſies réelles,
» de quelque nature qu'elles puiſſent être, ni
» aucune des conteſtations qui pourront ſurve-
» nir, ſoit à l'occaſion des contrats d'union,
» de direction, ou autres ſemblables entre les
» créanciers & leurs débiteurs, ſoit au ſujet
» deſdits décrets & ordres.

Cette queſtion a même été réglée en termes
exprès par Arrêt du Conſeil du 27 Décembre
1699, conformément à l'article 7 des Remon-
trances des Etats du Languedoc, qui porte que
les inſtances d'ordres & de diſtribution, pendantes devant les Juges ordinaires, ne pourront être évoquées ailleurs, pour quelque cauſe
que ce ſoit. C'eſt auſſi la diſpoſition de l'Ordonnance du mois de Janvier 1629, art. 160, dont
voici les termes. » Tous décrets d'héritages,
» quoiqu'ils ſoient pourſuivis en exécution d'Ar-
» rêts, Sentences des Requêtes du Palais & au-
» tres Juges, ſeront pourſuivis en la Juriſdic-
» tiön en laquelle l'héritage eſt aſſis, à peine de
» nullité, ſauf pour les grandes Terres & Sei-
» gneuries, ou que la puiſſance & autorité des
» débiteurs empêche la vente & les encheres. »
Ce qui eſt d'ailleurs conforme à la regle générale, qu'en matiere réelle on peut toujours
ſe pourvoir devant le Juge du lieu où la choſe
eſt ſituée, ſuivant la loi finale au Code *ubi in
rem actio*, qui eſt ſuivie en France. (Voyez
Bacquet, Traité des droits de Juſtice, chap. 8,
article 31 ; Papon en ſes Arrêts, liv. 7, tit. 7,
n. 55, & Imbert en ſes Inſtit. for. liv. 1, ch.
22, n. 2.)

On doit ſuivre la même regle à l'égard des

inſtances de ſaiſies mobiliaires, qui ſont dè véritables matieres réelles. (V. la L. 38, *in fine*, ſf. *de Judiciis.*) Il en eſt autrement des ſaiſies & Arrêts. (V. l'article précédent avec la note 1, page 118.)

6. *Sur la fin de l'article.*] Outre les matieres compriſes en cet article, qui ne ſont pas ſujettes au droit de *Committimus*, il faut encore obſerver que, quand il s'agit de Lettres de répi, ce privilege ceſſe d'avoir lieu. (*Infrà* titre 6, art. 3, pag. 149.)

Article XXV.

Les cauſes & procez *concernant noſtre Domaine* (1), & ceux *où nos Procureurs feront feuls Parties* (2) ne pourront eſtre évoquées des Sieges ordinaires en vertu des *Committimus.*

1. *Concernant notre Domaine.*] V. ci-deſſus, tit. 1, art 16, note 1, page 20.

2. *Où nos Procureurs feront feuls Parties.*] Car il n'y a ni privileges ni *Committimus* contre le Roi. (V. *fuprà* tit. 1, art. 15, en la note 2, pag. 19.)

Article XXVI.

Les Caufes pendantes en noſtre Grand-Confeil (1) Chambres de nos Comptes, Cours des Aydes, Cours des Monnoyes, Eſlections, Greniers à ſel, *Juges extraordinaires* (2), & dont la connoiſſance leur appartient par le titre de leur eſtabliſſement, ou par attribution, ne pour-

ront eltre évoquées en vertu de *Commit-
imus.*

ʒ. *Les Caufes pendantes en notre Grand - Confeil.*] V. *suprà* tit. 1 , art. 16 , note 2 , pag. 20.

2. *Juges extraordinaires.*] Comme font les
Juges de Police, dont les caufes ne font fujettes
à aucun renvoi ni privilege. Ainfi jugé par Arrêt du 16 Novembre 1644 , rapporté par de la
Marre , en fon Traité de Police, tom. 1 , liv. 1 ,
tit. 9 , chap. 7.)

Il en eft de même dés caufes Confulaires. (V.
l'Ordonnance du Commerce du mois de Mars
1673 , tit. 12 , art. 13.) Il faut cependant obferver , que les Bourgeois de Paris ont le privilege de ne pouvoir être traduits fur toutes fortes
de demandes concernant leur Commerce , pardevant d'autres Juges que les Juges-Confuls de
Paris. Ainfi jugé par Arrêt du 18 Août 1704.
V. au recueil , tom. 2 , page 352.)

Par la même raifon , les *Committimus* n'ont
pas lieu fur les demandes & affignations données
pardevant les Juges-confervateurs des Foires de
Lyon , de Champagne & autres.

Les Juges des Eaux & Forêts doivent auffi
être mis au nombre des Juges extraordinaires , & les caufes pendantes en ces Jurifdictions , ne peuvent être évoquées en vertu de
Committimus.

Article XXVII.

Les Tuteurs honoraires , onéraires ,
& les Curateurs (1) ne pourront fe fervir
de leur droit de *Committimus* pour les
affaires de ceux qui font fous leurs charges , en demandant ou en deffendant.

1. *Et les Curateurs.*] Il en eſt de même des adminiſtrateurs. (V. ci-deſſus, tit. 1, art. 15, avec les notes, page 18 & ſuiv.)

ARTICLE XXVIII.

Les Principaux des Colleges, Docteurs, Régents, & autres du corps des Univerſitez qui tiennent des Penſionnaires, *pourront faire aſſigner* (1) de tous les endroits de noſtre Royaume *pardevant les Juges des lieux de leur domicile* (2) les redevables des penſions, & autres choſes par eux fournies à leurs Ecoliers, *ſans que leurs cauſes en puiſſent eſtre évoquées* (3) ni renvoyées pardevant d'autres Juges en vertu de *Committimus* ou autres priviléges.

1. *Pourront faire aſſigner.*] Sans qu'il ſoit beſoin de prendre ni Lettres ni Commiſſion à cet effet.

2. *Pardevant les Juges de leur domicile.*] Soit Baillifs ou Prévôts Royaux, même devant les Juges de Seigneurs, s'ils en ſont juſticiables.

3. *Sans que leurs cauſes en puiſſent être évoquées, &c.*] Ainſi ce privilege l'emporte ſur tout autre, même ſur ceux qui ont leurs cauſes commiſes aux Requêtes de l'Hôtel ou du Palais.

ARTICLE XXIX.

Les Recteurs, Régents & Lecteurs des Univerſitez, exerçant actuellement, *auront leurs cauſes commiſes* (1) en pre-

miere inſtance pardevant les Juges-Conſervateurs de priviléges des Univerſitez,
auſquels l'attribution en aura eſté faite
par les titres de leur établiſſement ; &
à cet effet il en ſera par chacun an dreſ-
ſé un rôle par le Recteur de chacune
Univerſité , pour eſtre porté aux Juges-
Conſervateurs de leurs priviléges.

   1. *Auront leurs Cauſes commiſes.*] Tant en demandant qu'en défendant ; (V. *ſuprà* art. 1 ,) &
il n'eſt pas beſoin de prendre des Lettres ni une
Commiſſion à cet effet , non plus que dans l'article précédent.

   Le Privilege dont il s'agit ici , a lieu même
hors le reſſort du Parlement , ainſi qu'il réſulte
de ce qui ſuit ; mais il ne s'étend point aux matieres réelles , ni aux exceptions portées en l'article 24 ci-deſſus.

Article XXX.

   Les Ecoliers Jurez étudians actuellement *depuis ſix mois* (1) dans les Univerſitez , jouiront *des priviléges de Scolarité* (2) , *& ne pourront eſtre diſtraits*
(3) , *tant en demandant qu'en deffendant*
(4) de la juriſdiction des Juges de leur
privilége , ſi ce n'eſt en vertu d'actes
paſſez avec des perſonnes domiciliées
hors la diſtance de ſoixante lieues (5) de
la Ville où l'Univerſité eſt établie ; ſans
que néanmoins ils en puiſſent uſer à l'é-
gard des ceſſions & tranſports qui auront

esté par eux acceptez, & des saifies & arrefts faits à leur requefte, fi ce n'eft en la forme & maniere *cy deffus ordonnée* (6) pour les *Committimus.*

1. *Depuis fix mois.*] C'eft-à-dire depuis fix mois entiers au moins. Ordonnance du 31 Août 1498, art. 1.)

2. *Des privileges de Scolarité.*] Ce privilege confifte, comme dans l'article précédent, à avoir fes caufes commifes devant les Juges-confervateurs des privileges des Univerfités.

3. *Et ne pourront être diftraits.*] S'ils viennent à être affignés ailleurs que devant les Juges de leurs privileges, ils pourront demander leur renvoi, en rapportant des Lettres de Scolarité qui leur feront délivrées en l'Univerfité où ils étudient.

4. *Tant en demandant qu'en défendant.*] Même hors le reffort du Parlement ou le défendeur a fon domicile; & auffi dans le cas, où ils font affignés en garantie. (V. *fuprà* art. 1, note 5, page 96.)

5. *Hors la diftance de foixante lieues.*] Ainfi le privilege des écoliers étudiants dans les Univerfités eft moindre que celui des Docteurs, Régents & Lecteurs, puifque ces derniers en jouiffent fans aucune réferve.

6. *Ci-deffus ordonnée.*] Voyez les articles 21, & 23 de ce titre.

Article XXXI.

Jouiront pareillement *du mefme privilége* (1) ceux qui auront régenté pendant vingt ans dans les Univerfitez, tant &

ſi longuement qu'ils continueront d'y faire leur actuelle réſidence.

1. *Du même privilege.*] C'eſt-à-dire, du privilege mentionné en l'article précédent. Ainſi hors la diſtance de ſoixante lieues ce privilege ceſſe, comme celui des écoliers.

ARTICLE XXXII.

Si celuy qui n'eſt point privilegié fait aſſigner ou renvoyer une cauſe pardevant des Juges de Privilege, il ſera condamné par le Jugement ou Arreſt qui interviendra ſur le déclinatoire, *en ſoixante-quinze livres d'amende* (1), applicable moitié à nous, moitié à la partie; qui ſera acquiſe de plein droit, dont il ſera délivré exécutoire au Greffe, encore que par omiſſion ou autrement elle n'euſt point eſté adjugée par le Jugement ou Arreſt.

1. *En ſoixante-quinze livres d'amende.*] V. l'Ordonnance du 31 Août 1498, art. 4, & celle du 12 Mai 1499, auſſi art. 4.

TITRE V.

DES LETTRES D'ÉTAT.

ARTICLE I.

AUCUNES *Lettres d'Etat* (1) ne feront accordées, *qu'aux perfonnes employées aux affaires importantes à notre fervice* (2).

1. *Aucunes Lettres d'Etat.*] Les Lettres d'Etat font des Lettres du grand Sceau, que le Roi accorde quelquefois aux perfonnes employées pour le fervice de l'Etat, foit en Ambaffade, foit à l'armée ; ou à ceux qui font abfents pour quelque chofe publique. Elles contiennent une furféance à toutes pourfuites de procédures & dettes pendant le tems porté par ces Lettres.

2. *Qu'aux perfonnes employées aux affaires importantes à notre fervice.*] L'article 1 de la Déclaration du Roi du 23 Décembre 1702, fervant de nouveau Réglement touchant les Lettres d'Etat, porte » qu'aucunes Lettres d'Etat » ne feront accordées qu'aux Officiers des troupes » de S. M. tant de terre que de mer, qui ferviront actuellement à leurs Charges, ou aux » perfonnes qui feront employées hors de leur » réfidence ordinaire, pour affaires importantes » au fervice du Roi. (V. le recueil, tome 2, page 294.)

L'article 6 porte » que nul ne pourra fe fervir » des Lettres d'Etat que dans les affaires où il

>> aura personnellement intérêt, fans que fes
>> pere & mere, ou autres parents, non plus
>> que fes co-obligés, cautions & certificateurs
>> puiffent joüir du bénéfice defdites Lettres
>> d'Etat.

Il en eft de même pour les Lettres de Répi.
(*Infrà* tit. 6, art. 10, page 157.)

L'article 7 de la même Déclaration du 23
Décembre 1702, porte >> Entendons néanmoins
>> que les femmes puiffent dans les Procès qu'el-
>> les auront de leur chef contre autres perfonnes
>> que leurs maris, fe fervir des Lettres d'Etat
>> accordées à leurs maris, quoique féparées de
>> biens avec eux.

L'article 8 porte >> que les tuteurs honorai-
>> res, ou onéraires, & les curateurs ne pour-
>> ront fe fervir des Lettres d'Etat qu'ils auront
>> obtenues en leur nom, pour les affaires de
>> ceux qui font fous leurs charges.

L'article 18 porte >> que ceux qui intervien-
>> dront dans une inftance ou un Procès, ne
>> pourront faire fignifier des Lettres d'Etat
>> pour en fufpendre le jugement ou les pourfui-
>> tes, que préalablement leur intervention
>> n'ait été reçue, & qu'ils n'aient juftifié
>> du titre fur lequel leur intervention eft fon-
>> dée ; & qu'ils feront tenus de joindre copie
>> dudit titre avec la fignification des Lettres
>> d'Etat.

L'article 19 porte >> qu'au cas qu'ils inter-
>> viennent comme créanciers, & que leur
>> créance foit fondée fur une donation, cef-
>> fion ou tranfport, qui ne feront faits par
>> contrats de mariage ou par des partages de
>> famille, ils ne pourront faire fignifier les
>> Lettres d'Etat que fix mois après, à comp-
>> ter du jour que la donation aura été infi-
>> nuée, ou que l'acte de la ceffion ou tranfport

» aura été paſſé & ſignifié ; & que ſi le titre de
» leur créance eſt ſous ſeing-privé , ils ne pour-
» ront ſe ſervir des Lettres d'Etat qu'un an après
» que ledit titre aura été produit & reconnu en
» juſtice.

L'article 20 » déclare toutes Lettres d'Etat qui
» pourront ci-après être obtenues par ceux qui
» ſont obligés *ou condamnés à rendre compte* (a)
» ſubreptices ; veut que, nonobſtant la ſignifi-
» cation deſdites Lettres d'Etat , l'inſtance du
» compte puiſſe être pourſuivie & jugée ; &
» veut auſſi que ceux qui ſeront tenus de rendre
» compte , puiſſent réciproquement faire les
» pourſuites néceſſaires pour y parvenir & ſe li-
» bérer , nonobſtant toutes Lettres d'Etat qui
» leur auroient été ſignifiées.

(a) *Ou condamnés à rendre compte.*] V. l'art.
19 du titre 29 , de l'Ordonnance du mois d'A-
vril 1667. Cet article porte : » Déclarons tou-
» tes Lettres d'Etat qui pourront être ci-après
» obtenues par ceux qui ſont obligés ou con-
» damnés de rendre compte, ſubreptices ; défen-
» dons à tous Juges d'y avoir égard , s'il n'y eſt
» par nous dérogé par clauſe ſpéciale , & fait
» mention dans les Lettres de l'inſtance de
» compte ; & ſi la clauſe n'eſt inſérée dans les
» Lettres , l'inſtance du compte pourra être
» pourſuivie & jugée.

L'article 21 de la même Déclaration du
23 de Décembre 1702, porte » que ceux qui
» auront obtenu des Lettres d'Etat ne pour-
» ront s'en ſervir contre leurs co-héritiers
» d'une ſucceſſion , à l'égard des procès &
» inſtances concernant le partage de ladite
» ſucceſſion.

L'article 9 porte » que celui qui dans un
» acte aura pour ſon exécution renoncé au bé-
» néfice des Lettres d'Etat, *ne pourra revenir*

» *contre cette renonciation* (b) laquelle néanmoins
» ne pourra être que personnelle , & sans
» conséquence pour ceux qui par la suite se
» trouveroient en ses droits.

(b) *Ne pourra revenir contre cette renonciation.*] Il en est autrement à l'égard des Lettres de Répi. (V. *infrà* tit. 6 , art. 12 , avec les notes, pag. 162.)

L'article 10 de la même Déclaration de 1702 , porte » que celui qui se sera désisté » des Lettres d'Etat dans une affaire pour la» quelle il en aura précédemment fait signi» fier , ne pourra par la suite se servir d'au» tres Lettres d'Etat dans le cours de la même » affaire.

Article II.

Les Lettres ne pourront estre expédiées , qu'après qu'elles auront esté *signées de nostre exprès commandement* (1) , par celui de nos Secrétaires d'Estat , dans le département duquel les impétrans seront employez ; & seront les Officiers militaires tenus de rapporter certificat du Secrétaire d'Estat , ayant le département de la Guerre , de leur service actuel : le tout à peine de nullité.

1. *Signées de notre exprès commandement.*] C'est aussi la disposition de l'article 2 de la Déclaration du 13 Décembre 1702 , qui porte » que les Lettres d'Etat ne pourront être expédiées , » qu'après qu'elles auront été signées de l'exprès » commandement de S. M. par celui des Secré-

» taires d'Etat , dans le département duquel les
» Impétrants feront employés.

A R T I C L E III.

Ne feront accordées *que pour le temps
de fix mois* (1) , qui fera compté du jour
de l'impétration ; & ne pourront eftre
renouvellées , que pour grandes & importantes confidérations , dont fera fait
mention dans les Lettres : autrement
les avons déclarées nulles.

1. *Que pour le temps de fix mois.*] L'article
3 de la Déclaration du 23 Décembre 1702 ,
porte » que les Lettres d'Etat ne feront accor-
» dées que pour le tems de fix mois , qui fera
» compté du jour de leur date , & qu'elles ne
» pourront être renouvellées plutôt que quinze
» jours avant l'expiration de celles que l'Impé-
» trant aura précédemment obtenues , & en cas
» feulement de la continuation de fon fervice
» actuel.

A R T I C L E IV.

Quand les Lettres d'Eftat *feront débatues d'obreption* (1) , fubreption , ou
autrement , les parties fe retireront pardevers Nous , pour leur eftre pourvû.
Faifons deffenfes à tous Juges d'en con-
noiftre ni de paffer outre *à l'inftruction
& jugement des procez* (1) , *au préjudice
de la fignification des Lettres* (3) , & aux

parties de continuer leurs pourfuites,
ni de s'aider des Jugements qui pourroient eftre intervenus, à peine de nullité, caffation de procédures, dépens,
dommages & interefts.

1. *Seront débatues d'obreption.*] L'article 26
de la Déclaration du 23 Décembre 1702,
porte « que lorfque les Lettres d'Etat, pour
» quelque cas non fpécifié en la préfente Dé-
» claration. (V. *infrà* art. 6, aux notes, p.
» 137, feront débattues d'obreption ou fubrep-
» tion, les parties fe retireront pardevers S. M.
» pour y être pourvu ; & fait défenfes à tous Ju-
» ges d'en connoître, ni de paffer outre à l'inf-
» truction ou Jugement des procès, au préju-
» dice de la fignification des Lettres d'Etat, &
» aux parties de continuer leurs pourfuites, ni
» de s'aider des jugements qui pourroient être
» intervenus, à peine de nullité, caffation
» de procédures, dépens, dommages & in-
» téréts.

L'article 27 porte : » Entendons en outre,
» que lorfque pour un fait particulier, nous
» aurons, par Arrêt de notre Confeil d'Etat,
» Nous y étant, ou par Arrêt de notre Confeil
» privé rendu en conféquence d'un Arrêt de
» notredit Confeil d'Etat, levé la furféance
» des Lettres d'Etat, tant obtenues qu'à obte-
» nir, par l'un de nos Officiers ou gens étant
» à notre fervice, les Lettres d'Etat qu'il ob-
» tiendra dans la fuite, ne puiffent, fous pré-
» texte qu'elles font poftérieures à l'Arrêt,
» être cenfées y déroger. Déclarons que notre
» intention eft qu'il ne s'en puiffe fervir que
» dans les procès qu'il pourra avoir d'ailleurs,
» & nullement dans le même fait pour lequel nous

>> en aurions levé la surséance : défendons en ce
>> cas à tous Juges d'y avoir égard.

2. *A l'instruction & jugement des Procès*. . . .]
L'article 11 de la même Déclaration de 1702,
porte >> que les Lettres d'Etat ne pourront empê-
>> cher qu'il ne soit passé outre au jugement du
>> procès ou instance, lorsque les Juges auront
>> commencé d'opiner avant qu'elles aient été si-
>> gnifiées.

3. *Au préjudice de la signification desdites Lettres.*] Quand même la partie qui les auroit obtenues, auroit contesté au fond.

Article V.

Nonobstant la signification des Lettres d'Estat , les Créanciers *pourront faire
saisir réellement* (1) *les immeubles de leurs
débiteurs* (2) , & faire registrer la saisie ;
sans néantmoins qu'il puisse estre procedé
au Bail judiciaire : & si elles ont esté signifiées depuis le Bail , les criées pourront estre continuées jusques au congé
d'adjuger exclusivement.

1. *Pourront faire saisir réellement.*] V. *infrà*,
titre 6 , art 6 , p. 154.

L'article 12 de la Déclaration du 23 Décembre 1702 , porte >> que nonobstant la signi-
>> fication des Lettres d'Etat , les créanciers pour-
>> ront faire saisir réellement les immeubles de
>> leurs débiteurs , & faire registrer la saisie ,
>> sans néanmoins qu'il puisse être procédé au
>> Bail judiciaire : que si elles ont été signifiées
>> depuis le Bail , les criées pourront être con-
>> tinuées jusqu'au congé d'adjuger exclusive-

» ment ; & qu'au cas que pendant ces pourſuites
» le Bail expire , on pourra procéder à un nou-
» veau Bail.

2. *Les immeubles de leurs débiteurs.*] Non les meubles. Il en eſt autrement en matiere de Lettres de Répi. (V. *infrà* tit. 6 , article 6 , page 154.)

A R T I C L E   V.

N'entendons que les Lettres d'Eſtat ayent aucun effet *en matiere crimi-nelle* (1).

1. *En matiere criminelle*] L'article 5 de la Dé-claration du 23 Décembre 1702 , veut » que les » Lettres d'Etat n'aient aucun effet en matiere » criminelle , y compris l'inſcription de faux , » tant incidente que principale.

L'article 4 porte » que ces Lettres n'auront » aucun effet dans les affaires où le Roi aura » intérêt.

L'article 13 porte » que ceux qui auront été » pourvus de Charges de la Maiſon du Roi , ou » de Charges militaires , à condition de payer » une ſomme par forme de récompenſe , à celui » qui en étoit préſentement pourvu , ou à ſa » veuve , héritiers , ou ayant cauſe , ne pour-» ront ſe ſervir de Lettres d'Etat pour ſe diſpen-» ſer de payer leſdites récompenſes ; & pareille-» ment que ceux qui auront obtenu des Lettres » d'Etat , à l'occaſion du ſervice d'une Charge » dont ils ſeront pourvus , ne pourront s'en ſer-» vir contre ceux qui leur auront vendu cette » Charge , pour ſe diſpenſer d'en payer le » prix.

L'article 14 porte » que les adjudicataires
» des biens décrétés en justice , ne pourront
» se servir de Lettres d'Etat pour se dispenser
» de consigner & payer le prix de leur ad-
» judication ; non plus que les acquéreurs des
» biens immeubles par contrats volontaires ,
» pour se dispenser de payer le prix de leurs
» acquisitions.

L'article 15 ajoute » ni pareillement ceux qui
» auront intenté action en retrait lignager ou
» féodal , pour se dispenser de consigner ou de
» rembourser l'acquéreur du prix de l'acquisi-
» tion , dont ils prétendent l'évincer.

L'article 16 porte » que les opposants aux sai-
» sies réelles ne pourront se servir de Lettres
» d'Etat , pour suspendre les pourfuites du dé-
» cret , ni des baux judiciaires , & l'adjudica-
» tion des biens saisis.

L'article 17 ajoute » non plus que les oppo-
» sans à une saisie mobiliaire , pour retarder la
» vente des meubles saisis.

L'article 22 de la même Déclaration veut
» que les Lettres d'Etat, ne puissent avoir lieu
» en matiere de restitution de dot , paiement
» de douaire & conventions matrimoniales ; &
» que les veuves ou leurs héritiers & ayans cau-
» se , puissent faire toutes pourfuites à cet effet,
» nonobstant toute signification de Lettres d'E-
» tat.

L'article 23 veut aussi » que les Lettres d'E-
» tat ne puissent empêcher les pourfuites pour
» le paiement des légitimes des enfants puînés,
» pensions viageres , aliments , médicaments ,
» loyers de maisons , gages de domestiques ,
» journées d'artisans , reliquats de comptes
» de tuteles , dépôts nécessaires & maniement
» de deniers publics , Lettres & billets de chan-
» ge , exécution de société de commerce , cau-

» tion judiciaire , frais funéraires , arrérages
» de rentes Seigneuriales & foncieres , & re-
» devances de baux emphytéotiques. (V. *infrà*
» tit. 6, art. 11 , avec les notes, page 157
» & 158.)

L'art. 24 » confirme l'Hôtel-Dieu , l'Hôpi-
» tal-général , & celui des Enfants trouvés de
» la ville de Paris , dans le privilege à eux ac-
» cordé par la Déclaration du 23 Mars 1680,
» d'être exceptés de l'effet des Lettres d'Etat ,
» nonobftant lefquelles les débiteurs defdits
» Hôpitaux pourront être contraints au paie-
» ment de ce qu'ils doivent , par les voies
» qu'ils y font obligés.

L'article 25 » déclare toutes Lettres d'Etat
» nulles & de nul effet, dans les cas ci-deffus
» fpécifiés ; défend à tous Juges d'y avoir
» égard , & leur enjoint de paffer outre efdits
» cas à l'inftruction & au jugement des inftances
» & procès.

Enfin , l'article 28 » défend très expreffé-
» ment aux Officiers des troupes de S. M. &
» autres , qui par leur fervice actuel feront en
» droit d'obtenir des Lettres d'Etat , de prêter
» leur nom ni leurs Lettres d'Etat dans des af-
» faires où ils n'auront point véritablement
» ni perfonnellement intérêt , à peine , au cas
» que cela vienne à la connoiffance de S. M.
» d'encourir fon indignation , & d'être caffés
» de leurs Charges , & privés de leurs em-
» plois.

Il arrive quelquefois après un tems de guerre ,
que le Roi accorde à fes Officiers d'armée des
Lettres de furféance plus étendues , & avec des
conditions un peu différentes de celles portées
au préfent titre , ce qui arrive alors par des
confidérations particulieres. C'eft ce qui s'eft
pratiqué après la paix de Rifwick & à celle d'U-

trecht en 1698 & 1714. Il y a eu à ce sujet
deux Déclarations rendues par S M. l'une du
1 Février 1698 , & l'autre du 24 Juillet 1714.
Elles font l'une & l'autre femblables ; en voici
le difpofitif.

    » Louis , &c. Voulant traiter favorablement
» lefdits Officiers généraux de nos armées ,
» & tous les autres Officiers qui ont fervi
» dans nos troupes , tant de terre que de mer ,
» même les Gardes de notre corps , Gens-
» d'armes , Chevaux - légers de notre Garde ,
» Gentilshommes qui ont commandé ou fer-
» vi actuellement à l'arriere - ban pendant les
» trois dernieres années confécutives de cette
» guerre , & les enfans mineurs des Officiers
» qui ont été tués en fervant actuellement du-
» rant ledit tems des trois dernieres années ,
» & qui font pourfuivis pour des dettes con-
» tractées par leurs peres pendant leurs fer-
» vices actuels ; enfemble les Officiers qui ont
» été eftropiés durant le cours de la guerre ,
» depuis 1688 ; Nous de notre grace fpéciale ,
» pleine puiffance & autorité Royale , avons
» furfis par nos préfentes , pour le tems de
» trois ans , les ventes & adjudications qu'on
» pourfuit en juftice , de tous les biens im-
» meubles , de quelque nature & qualité qu'ils
» puiffent être , faifis réellement , ou mis au-
» trement entre les mains de la Juftice fur lef-
» dits gens de guerre , & à eux appartenans ,
» ou à leurs femmes , étant en communauté
» ou obligées conjointement avec eux aux
» dettes dont on pourfuit le paiement , &
» aux enfants mineurs de ceux qui ont été tués ;
» fans préjudice des faifies réelles & autres actes
» & procédures , en vertu defquels lefdits biens
» ont été mis entre les mains de la Juftice , lef-
» quelles fubfifteront dans toute leur force &

» vertu ; & de la continuation des criées & au-
» tres procédures que l'on a accoutumé de faire,
» suivant les différents usages des lieux, pour
» parvenir à la vente desdits biens, lesquelles
» pourront être continuées jusqu'auxdites ad-
» judications & ventes exclusivement, & les
» ordres des privileges & hypotheques des créan-
» ciers dressés, & les contestations qui pour-
» ront y survenir, jugées dans les lieux où
» l'on a accoutumé de le faire avant les ad-
» judications, pourvu que ce soit aux dépens
» de ceux qui les poursuivent, & sans que l'on
» puisse prétendre pour cet effet aucune chose sur
» les revenus desdits biens qui auront été mis
» entre les mains de la Justice.

» Voulons que la même surséance ait lieu
» pour les ventes des terres & autres immeu-
» bles, que les susdits Officiers peuvent avoir
» abandonnés à leurs créanciers, pour être
» vendus dans leurs assemblées & directions ;
» si ce n'est qu'ils consentent expressément
» ausdites ventes par des actes passés parde-
» vant Notaires, portant une renonciation
» précise au bénéfice de notre présente Décla-
» ration.

» Voulons que lesdits Officiers soient remis
» en possession & jouissance, pendant ledit
» tems de trois années, desdits biens immeu-
» bles, nonobstant les baux judiciaires ou au-
» tres actes de justice, en vertu desquels ils
» pourroient en avoir été dépossédés, à la charge
» d'entretenir les lieux en bon état, & sans
» les dégrader en quelque maniere que ce puisse
» être, à peine d'être déclarés déchus de la
» présente grace, & en payant préalablement
» les arrérages & intérêts de la derniere an-
» née qui sera échue lorsqu'ils rentreront dans
» lesdits biens, & continuant à payer par cha-

» cune defdites trois années ceux qui éche-
» ront, & en rembourfant au dire d'un ex-
» pert, qui fera nommé d'office par le Juge,
» les labours & femences qui pourroient avoir
» été faites par le fermier judiciaire avant
» la récolte, & les frais du bail judiciaire,
» & laiffant audit fermier, lorfque la récolte
» fe trouvera faite, les lieux néceffaires pour
» ferrer les fruits, & le tems convenable pour
» les emporter, ainfi que le tout fera réglé par
» une Requête qui fera préfentée au Juge de-
» vant lequel on pourfuit la vente defdits biens,
» lequel fera tenu d'y prononcer conformément
» à notre préfente Déclaration, fommairement
» & fans frais, & à la premiere audience,
» avec le pourfuivant & ledit fermier judiciai-
» re, qui feront appellés pour cet effet; & fans
» qu'en aucun cas, & fous quelque prétexte
» que ce puiffe être, les demandes de cette qua-
» lité puiffent être appointées, & que ladite
» furféance de trois années pour la vente & ad-
» judication defdits biens puiffe courir, que du
» jour que lefdits Officiers & enfants feront
» rentrés en poffeffion d'iceux.

» Faifons défenfes de faifir réellement à l'a-
» venir ou mettre autrement entre les mains
» de la Juftice les immeubles appartenants aux
» fufdits Officiers & enfants mineurs, pour des
» fommes qui foient, tant en principal qu'en
» intérêts, au-deffous de celle de mille livres;
» leur faifant main-levée par notre préfente Dé-
» claration de celles qui auront été faites pour
» des fommes de cette qualité & au-deffous.
» Voulons qu'ils rentrent en poffeffion d'iceux,
» en vertu d'une fimple Ordonnance du Juge,
» qui fera appofée fans frais fur la Requête
» qui lui fera préfenrée à cet effet, avec un
» extrait de la faifie qui aura été faite; fi ce

» n'eſt qu'il y ait des oppoſitions formées
» auſdites ſaiſies avant la publication qui ſera
» faite en nos Cours de Parlement de notre
» préſente Déclaration, pour des ſommes dont
» les principaux & arrérages, joints à ceux de
» la dette pour laquelle la ſaiſie aura été faite,
» ſurpaſſent celle de mille livres.

» Défendons de procéder au bail judiciaire
» des biens immeubles qui leur appartiennent,
» lorſque la moitié du revenu d'une année, juſ-
» tifiée par des derniers baux conventionnels ou
» autres pieces authentiques, ſera ſuffiſante pour
» payer le principal & les arrérages de la dette
» pour laquelle on aura fait ſaiſir, ou mis
» autrement leurs biens entre les mains de la
» Juſtice; enſemble des oppoſitions qui pour-
» ront y être ſurvenues depuis les premieres ſai-
» ſies & actes de Juſtice. Voulons qu'ils ſoient
» remis en poſſeſſion, en la forme ci-deſſus ex-
» primée, de ceux de cette qualité dont ils pour-
» roient avoir été ci-devant dépoſſédés contre
» cette préſente diſpoſition, à la charge de don-
» ner à leurs dépens. à leurs créanciers des man-
» dements paſſés devant Notaires, pour rece-
» voir dans l'année des mains des fermiers deſ-
» dits biens ou autres, les ſommes qui leur ſont
» dues.

» Défendons pareillement de faire vendre
» & adjuger en Juſtice leurs biens immeu-
» bles, lorſque la moitié du revenu qu'ils
» produiſent, juſtifié comme ci-deſſus, pourra
» acquitter en trois ans les principaux & les
» arrérages des dettes pour leſquelles ils au-
» ront été mis entre les mains de la Juſtice,
» en payant d'ailleurs l'intérêt & les arréra-
» ges courants, & donnant à leurs créanciers
» des mandements & délégations en la forme
» ci-deſſus exprimée, pour être payés de leur
» dû.

» Voulons que pour l'exécution de notre pré-
» sente Déclaration, lesdits Officiers & enfants
» mineurs de ceux qui ont été tués, puissent se
» pourvoir aux Requêtes de notre Hôtel & de
» notre Palais dans les affaires qui y sont pen-
» dantes, ou qui peuvent y être portées en ver-
» tu de leurs *Committimus*, & pour les autres,
» devant nos Baillifs & Sénéchaux, & autres
» Juges ressortissants nuement en nos Cours de
» Parlement, ausquels nous en avons attribué
» toute Cour, Jurisdiction & connoissance ; &
» que les causes & procès qui peuvent être pré-
» sentement pendants devant les Juges dont les
» appellations ne ressortissent pas nuement en
» nosdites Cours, soient renvoyées ausdits Sieges
» sur la premiere requisition qui en sera faite.

» Enjoignons aux gens tenant lesdites Re-
» quêtes, & ausdits Baillifs, Sénéchaux &
» autres Officiers, d'expédier avec diligence
» lesdites affaires concernant l'exécution de
» notre présente Déclaration, & de les juger
» sommairement & sans frais à l'audience.

» Voulons que les appellations qui pourront
» être interjettées des Jugements qui seront
» prononcés par lesdits Juges, soient portées
» en nos Cours de Parlement, pour y être
» aussi jugées sommairement & à l'audience,
» autant qu'il sera possible, sur des rôles ex-
» traordinaires qui en seront faits, & à des
» jours & heures particuliers, qui seront mar-
» qués pour cet effet par nosdites Cours, s'il est
» besoin.

» Enjoignons à nosdites Cours de contribuer,
» autant que la justice le pourra permettre, au
» soulagement desdits Officiers ; même de les
» concilier avec leurs créanciers par les moyens
» qu'elles estimeront les plus convenables,
» avant de prononcer sur leurs contestations,

» &

» & de ménager le plus qu'il fera poffible les frais
» qui confomment fi malheureufement une par-
» tie confidérable des biens qui font mis en la
» main de Juftice, chargeant de tout ce que
» deffus leur honneur & confcience.

» Permettons à nofdites Cours de furfeoir,
» même pendant un an, lorfqu'elles l'eftime-
» ront à propos, l'exécution des Arrêts qu'el-
» les pourroient rendre pendant lefdites trois
» années, portant condamnations contre lef-
» dits Officiers & enfants mineurs de ceux qui
» ont été tués, nonobftant la difpofition de
» l'article 1 du titre 6 de notre Ordonnance
» du mois d'Août 1669, à laquelle nous avons
» dérogé & dérogeons par nos préfentes Lettres,
» à cet égard feulement.

» N'entendons néanmoins que notre préfente
» Déclaration ait lieu pour des condamnations
» intervenues, ou qui interviendront par Arrêts
» ou Sentences dont il n'y aura point d'appel,
» pour raifon d'aliments, médicaments, nour-
» ritures, penfions viageres, arrérages de douai-
» res, gages de domeftiques, parties de mar-
» chands & ouvriers, journées d'Artifans &
» de mercénaires, loyers de maifon pour une
» année, paiements de reliquats de compte de
» tutele, reftitutions de dépôt, paiements des
» réparations, & des dommages & intérêts en
» matieres criminelles, des Lettres & billets
» de change, tirés véritablement de place en
» place, & dont ils auront effectivement reçu
» la valeur, arrérages de rentes foncieres, re-
» devances de baux emphytéotiques, frais fu-
» néraires, ni pour la furféance des pourfuites
» contre les cautions qui peuvent être intervenues
» dans les emprunts qui ont été faits par lefdits
» Officiers.

G

» Déclarons en outre lesdits Officiers & en-
» fants mineurs déchus du bénéfice de notre
» présente Déclaration, lorsqu'ils ne payeront
» pas exactement lesdits arrérages & intérêts,
» & qu'ils ne satisferont pas aux choses qui y
» sont marquées.

TITRE VI.

DES RÉPIS.

ARTICLE I.

DEFFENDONS à toutes nos Cours & Juges de donner aucun terme, atermoiement, répy, ni délay de payer, *qu'en conséquence de nos Lettres* (1) qui leur seront adréssées, à peine de nullité des Jugemens, interdiction contre les Juges, dépens, dommages & interests des parties en leur nom, cent livres d'amende contre la partie, & pareille somme contre le Procureur qui aura présenté la requeste : pourront néantmoins les Juges en condamnant au payement de quelque somme, donner surséance à l'exécution de la condamnation, qui ne pourra néantmoins estre que de trois mois au plus, sans qu'elle puisse estre renouvellée.

1. *Qu'en conséquence de nos Lettres.*] V. l'article suivant.

Les Lettres de répi font des Lettres que le Roi accorde à des débiteurs, foit négociants ou autres, qui ont fouffert des pertes confidérables, ou qui, par des accidents imprévus, fe trouvant dans l'impuiffance de fatisfaire leurs créanciers, n'ont befoin que de quelque délaï pour s'acquitter. Ces Lettres portent, en faveur des débiteurs qui les obtiennent, une furféance de quelques années, pour pouvoir, par le recouvrement de ce qui leur eft dû, fatisfaire au paiement de leurs dettes, après le délai qui leur eft accordé.

Au lieu du mot de *Répi*, on fe fervoit autrefois de celui de *Quinquenelle*, qui vient du délai de cinq ans, que l'on accordoit anciennement par ces Lettres, comme on le fait encore aujourd'hui. (Voyez *infrà*, article 4, page 149.

Au lieu de Lettres de répi, on obtient quelquefois des *défenfes générales*, qui font des Lettres ou des Jugements qui s'accordent à un débiteur pour un temps contre fes créanciers, foit pour homologüer un contrat d'atermoiement paffé avec la plus grande partie de ces mêmes créanciers, foit pour faire entériner des Lettres de répi par lui obtenues ; pendant lequel temps il eft fait défenfes d'attenter à fa perfonne ou à fes biens. Ces Lettres ou défenfes s'accordent par les Juges. (V. l'Ordonnance du Commerce, tit. 9, art. 1 avec les notes.)

Article II.

Aucunes Lettres de répy *ne feront expédiées qu'au grand Sceau* (1), *& pour des confidérations importantes* (2) dont il y aura commencement de preuves par actes authentiques, qui feront expliquées dans les Lettres, & attachées fous le contre-fcel.

1. *Ne feront expédiées qu'au grand Sceau.*] Les Lettres de répi s'accordoient autrefois par les Juges, & même il étoit défendu d'en expé-dier en la Chancellerie du Royaume, fuivant l'article 61 de l'Ordonnance d'Orléans ; mais cette difpofition a été changée par le préfent article, & par le précédent. Ces Lettres étant une grace qui bleffe le droit d'autrui, ne peu-vent émaner que de la puiffance Souveraine.

2. *Et pour des confidérations importantes.*] Comme fi le débiteur qui les follicite a fouf-fert des pertes confidérables, foit par la ban-queroute de ceux qui lui doivent, foit à caufe de quelques autres cas fortuits & imprévus, qui le mettent hors d'état de payer fes dettes pour le préfent, fans qu'il y ait de fa faute en aucu-ne maniere, lorfqu'au contraire il eft conftant que jufqu'alors il a fait honneur à fes affaires, & qu'il a toujours été reconnu pour une per-fonne de probité. Ces Lettres ne s'accordent au-jourd'hui que très difficilement.

Article III.

L'adreffe des Lettres de répy fera faite *au plus prochain Juge Royal* (1) du do-micile de l'impétrant, fi ce n'eft qu'il y ait inftance pendante *pardevant un autre Juge* (2), avec la plus grande partie des créanciers hypotéquaires ; auquel cas l'a-dreffe des Lettres lui fera faite, & ne pourra aucune des parties demander évocation ni renvoy pour caufe de fon privilege.

1. *Au plus prochain Juge Royal.*] Ainfi les Juges-Confuls n'en peuvent connoître.

2. *Pardevant un autre Juge.*] L'Article 13 de la Déclaration du 23 Décembre 1699 fervant de réglement général touchant les Lettres de répi, veut que ɔɔ l'homologation des conɔɔ trats d'abandonnement des biens & effets ɔɔ qui feront paffés en conféquence des Letɔɔ tres de répi par ceux qui les auront obteɔɔ nues, foit portée devant les Juges aufquels ɔɔ l'adreffe en aura été faite, & que les apɔɔ pellations qui interviendront fur ce fujet ɔɔ foient relevées & reffortiffent nuement aux ɔɔ Cours de Parlement. (V. au recueil, tom. ɔɔ 2 pag. 263.

Article IV.

Les Lettres de répy porteront mandement exprès au Juge auquel elles feront adreffées, qu'en procédant à l'entérinement, *les créanciers appellez* (1) il donne à l'impétrant tel délay qu'il jugera raifonnable pour payer fes debtes, qui ne pourra neantmoins eftre de plus de cinq ans, fi ce n'eft du confentement *des deux tiers des créanciers hypothéquaires* (2), & cependant luy fera accordé par les Lettres *un délay de fix mois* (3), pour en pourfuivre l'entérinement, pen-

dant lequel temps deffenſes feront faites à tous Huiſſiers & Sergents d'attenter à ſa perſonne, *& meubles meublants
ſervants à ſon uſage* (4), à peine de cent
livres d'amende contre chacun des Huiſſiers & Sergents, moitié envers nous,
moitié envers la partie, & des dépens,
dommages & intérefts contre chacun des
créanciers contrevenants; ce qui fera ordonné par le Juge, auquel l'adreſſe des
Lettres aura eſté faite.

1. *Les Créanciers appellés.*] Afin que ces
Lettres ne s'entérinent pas fans qu'ils ayent été
entendus, & qu'ils puiſſent, s'il y a lieu, les
débattre d'obreption ou de ſubreption.

2. *Des deux tiers des créanciers hypothéquaires.*] V. l'Ordonnance du Commerce, tit. 11
art. 7.

3. *Un délai de ſix mois, &c.*] On prétend
que ces Lettres n'ont point d'effet à l'égard
des dettes contractées depuis l'obtention. C'eſt
le ſentiment de Bouchel & de la Thaumaſ-
ſiere ſur la Coutume du Berri; ce qui eſt
auſſi conforme à la déciſion 109 de Gui-Pape.

4. *Et meubles meublans ſervans à ſon uſage.*]
Si ce n'eſt pour loyers de la maiſon que ces
meubles exploitent, ou pour le prix de la vente de ces meubles. (V. *infrà*, art. 11 & Ordonnance de 1667, titre 33 articles 14 &
16.)

ARTICLE V.

La ſurſéance octroyée par les Lettres
de répy, aura lieu *du jour de la ſigni-*

fication (1) qui en fera faite, pourveu qu'elle porte conjointement affignation, pour procéder à l'entérinement.

1. *Du jour de la fignification.*] L'Ordonnance du Commerce de 1673, tit. 9, art. 3, porte que » les défenfes générales & les Lettres de » répi feront fignifiées dans huitaine, aux créan- » ciers & autres intéreffés qui feront fur les lieux ; » & qu'elles n'auront effet qu'à l'égard de ceux » auxquels la fignification en aura été faite.

L'Article 4 de la Déclaration du 23 Dé- » cembre 1699, en interprétant cet article 3 du » tit. 9 de l'Ordonnance du Commerce, ordonne » que les Négociants, Marchands, Banquiers, » & autres qui auront obtenu des Lettres de » Répi, feront tenus de les faire fignifier dans » huitaine, s'ils font domiciliés dans la Ville » de Paris, à leurs créanciers & autres inté- » reffés demeurants dans la même Ville ; & que » fi les impétrants ou leurs créanciers ont leur » domicile ailleurs, le délai de huitaine fera » prorogé tant pour les uns que pour les autres, » d'un jour pour cinq lieues de diftance, fans » diftinction du reffort des Parlements.

Faute par les impétrants d'avoir fait cette fignification dans le délai porté par ce dernier article, ils ne font pas pour cela déchus du béné- fice des Lettres par eux obtenues ; mais elles n'ont leur effet que du jour que la fignification en aura été faite.

L'Article 5 de la Déclaration du 23 Décem- bre 1669, porte que » les créanciers auxquels » les Lettres de Répi auront été fignifiées, » pourront s'affembler & nommer entre eux des » Directeurs ou Syndics pour affifter aux ventes » que l'impétrant pourra faire à l'amiable de fes

» effets , & pourfuivre conjointement avec lui
» le recouvrement des fommes qui leur font
» dûcs.

L'Article 6 de la même Déclaration , porte ,
» qu'après que les actes de nomination de Di-
» recteurs ou Syndics auront été fignifiés aux
» impétrants , ou à leurs débiteurs , les impé-
» trants ne pourront difpofer de leurs effets &
» en recevoir le prix , ni leurs débiteurs , pour
» les fommes qu'ils doivent , autrement qu'en
» préfence defdits Directeurs ou Syndics , ou
» eux duement appellés , à peine contre les
» impétrants d'être déchus de l'effet des Let-
» tres de Répi , & contre les débiteurs , de
» nullité de paiement.

L'Article 8 ajoute que » ceux qui auront
» obtenu des Lettres de Répi feront tenus ,
» s'ils en font requis par leurs créanciers , de
» remettre au lieu & ès mains de celui dont
» ils conviendront , ou qui fera nommé par
» le Juge auquel elles auront été adreffées ,
» les titres & pieces juftificatives des effets
» mentionnés dans l'état qu'ils auront certifié
» véritable , pour y demeurer jufqu'à la vente
» ou recouvrement defdits effets.

L'Article 1 de cette même Déclaration veut
que » les Négociants , Marchands , Banquiers
» & autres , qui voudront obtenir des Let-
» tres de Répi , foient tenus d'y joindre un
» état , qu'ils certifieront véritable , de tous
» les effets , tant meubles qu'immeubles , & de
» leurs dettes , qui demeurera attaché fous le
» contre-fcel.

L'Article 2 porte » qu'ils feront pareillement
» tenus , auffi tôt après le Sceau & expédi-
» tion des Lettres de Répi , de remettre au
» Greffe tant du Juge auquel l'adreffe en aura
» été faite , que de la Jurifdiction Confulaire

» la plus prochaine , un double d'eux certifié
» du même état de leurs effets & dettes, d'en
» retirer lés certificats des Greffiers , & de
» faire donner copie , tant dudit état que def-
» dits certificats, à chacun de leurs créanciers ,
» dans le même temps qu'ils leur feront figni-
» fier les Lettres de Répi qu'ils auront obte-
» nues , à peine d'être déchus de l'effet de
» leurs Lettres à l'égard de ceux auxquels ils
» n'auront point fait donner copie defdits état
» & certificats.

L'Article 3 porte » que fi les impétrants font
» Négociants, Marchands ou Banquiers , ils
» feront tenus, outre les formalités contenues
» en l'article précédent , & fous les mêmes
» peines, de remettre au Greffe du Juge à qui
» l'adreffe des Lettres aura été faite , leurs livres
» & regiftres, d'en retirer un certificat du Greffe ;
» & d'en faire donner copie à chacun de leurs
» créanciers dans le même temps qu'ils leur fe-
» ront fignifier leurs Lettres.

» L'Article 9 veut » que les articles 2 , 4 &
» 5 du tit. 9 de l'Ordonnance du Commerce
» de 1673 ayent lieu , & foient obfervés pour
» tous ceux qui obtiendront des Lettres de Répi ,
» foit qu'ils foient Négociants , Marchands ,
» Banquiers ou autres , de quelque profeffion
» qu'ils puiffent être.

L'Article 2 de cette Ordonnance de 1673 ,
porte » qu'au cas que l'état (dont il vient
» d'être parlé) fe trouve frauduleux , ceux qui
» ont obtenu des Lettres ou des défenfes en
» feront déchus, encore qu'elles ayent été
» entérinées ou accordées contradictoirement ;
» & que le demandeur ne pourra plus en ob-
» tenir d'autres , ni être admis au bénéfice de
» ceffion.

L'Article 4 de la même Ordonnance porte
» que ceux qui auront obtenu des défenfes

» générales , ou des Lettres de Répi , ne pour-
» ront payer ou préférer aucun créancier au
» préjudice des autres , à peine de déchoir des
» Lettres de défenses.

Et l'Article 5 de cette même Ordonnance
» veut : » que ceux qui auront obtenu des
» Lettres de Répi , ou des défenses générales ,
» ne puissent être élus Maires , ou Echevins
» de Ville , Juges ou Consuls des Marchands ,
» ni avoir voix active & passive dans les Corps
» & Communautés ; ni être administrateurs
» des Hôpitaux , ni parvenir aux autres fonc-
» tions publiques , & même qu'ils en soient
» exclus , en cas qu'ils soient actuellement en
» Charge.

Article VI.

Pourront neantmoins les créanciers (1)
pour la sûreté de leur deub *faire arrester les autres meubles* (1) de leurs débiteurs, *mesme saisir réellement leurs immeubles* (3), les mettre en criées, & procéder au bail judiciaire, nonobstant l'obtention & entérinement des Lettres de répy,
sans toutefois que pendant le terme accordé par les Lettres, ou par le Juge
auquel elles auront esté présentées, il
puisse estre procédé à la vente & adjudication des choses saisies, que du consentement du débiteur & des créanciers,
si ce n'est des meubles qui pourroient dé-
périr pendant la saisie.

1. *Pourront néanmoins les créanciers , &c.*]
L'Article 7 de la Déclaration du 23 Décembre

1699, porte : » N'entendons néanmoins par les
» deux articles précédents , (c'eft-à-dire par les
» articles 5 & 6. V. ces articles en l'art. 5
» ci-deffus , aux notes , pag. 151 , 152.) » déro-
» ger à l'article 6 du titre 6 de notre Ordon-
» nance du mois d'Août 1669 , ni ôter aux
» créanciers des impétrants la liberté d'ufer des
» voies portées par ledit article.

2. *Faire arrêter les autres meubles.*] C'eft-à-
dire les meubles , autres que les meubles meublants à l'ufage de ceux qui ont obtenu les
Lettres de Répi , (V. ci-deffus l'article 4 avec
la note 4 , pag. 149 & 150.)

3. *Même faifir réellement leurs immeubles.*]
V. *fuprà* , tit. 5. art. 5 page 137.

ARTICLE VII.

Les Ordonnances, tant préparatoires
que diffinitives, du Juge qui connoiftra
de l'entérinement des Lettres, *feront
exécutées par provifion* (1) nonobftant oppofitions, ou appellations.

1. *Seront exécutées par provifion.*] Sans que
l'impétrant foit tenu de donner caution.

ARTICLE VIII.

En cas de faifie (1) de tous les biens
de l'impétrant ou de la principale partie,
provifion lui fera adjugée telle que de
raifon fur les fruits & revenus de fes immeubles, ou fur fes meubles, les créan-

ciers appellez pardevant le Juge de l'entérinement des Lettres de répy.

1. *En cas de saisie, &c.*] Cet article est une limitation des articles 6 & 7 du présent titre.

ARTICLE IX.

Les appellations des Jugements, & Sentences rendues par les Juges aufquels les Lettres de répy auront esté adressées, ressortiront *fans moyen en nos Cours de Parlement* (1).

1. *Sans moyen en nos Cours de Parlement.*] Quand même il s'agiroit de Sentences rendues par des Prévôts Royaux, ou autres Juges dont les appellations se portent ordinairement aux Bailliages & Sénéchauffées. C'est ici une dérogation à l'ordre ordinaire des jurifdictions, qui est établie afin que les inftances fur les Lettres de Répi soient plutôt terminées. L'article 13 de la Déclaration du 23 Décembre 1669, renferme une pareille difpofition. (Voyez cet article 13 en la note 2 fur l'article 3 de ce titre, *fuprà*, page 149.) L'Ordonnance du mois d'Octobre 1535, chap. 8, article 33, porte, que ces fortes de conteftations feront inftruites & jugées fommairement.

ARTICLE X.

Les coobligez, cautions & certificateurs (2) ne pourront jouir du bénéfice des Lettres de répy accordées au principal débiteur.

1. *Les co-obligés, cautions & certificateurs.*]
Il en eſt de même pour les Lettres d'Etat,
ſuivant l'art. 6 de la Déclaration du 23 Décembre 1702. (V. *ſuprà*, tit. 5 art. 1 note 2
page 130.

ARTICLE XI.

Aucuns répys ne ſeront accordés pour
penſions, aliments (1) médicaments, *loyers
de maiſon* (2); *moiſſóns de grains* (3)*,*
gages de domeſtiques, journées d'arti-
ſans & mercenaires, *reliquats de comptes
de tutele* (4)*, dépoſts néceſſaires* (5)*, &
maniement de deniers publics* (6)*, lettres
de change* (7)*, marchandiſes priſes ſur
l'étape, foires, marchez, hales, ports
publics* (8)*, poiſſon de mer, frais, ſec
& ſalé* (9)*,* cautions judiciaires, frais
funéraires, *arrérages de rentés foncieres*
(10)*, & redevance de baux emphitéoti-
ques* (11).

1. *Penſions, aliments.*] La Coutume d'Orléans,
art. 424, dit : *Penſions & nourritures d'Ecoliers,
Apprentifs & autres Penſionnaires.*

2. *Loyers de maiſons.* (V. la Coutume d'Orléans, art. 424.

3. *Moiſſons de grain.*] Ce mot de *moiſſon*
s'entend du paiement qu'un Fermier doit faire
du prix de ſa Ferme, en bled ou autre grain ;
ce qu'on appelle dans pluſieurs Provinces *moi-
ſon.* Ces moiſons doivent être conſidérées
comme des eſpeces d'aliments du Propriétai-

re, dont il ne feroit pas jufte de le priver, pendant que le Fermier jouiroit des fruits de fon héritage.

L'Ordonnance ne parle point ici des fermages ; mais il paroît que ce doit être la même chofe que pour les moifons, la raifon étant la même. La Coutume d'Orléans, article 424, met les *Fermes tenues & exploitations d'héritages, fruits & revenus d'iceux*, au nombre des chofes pour lefquelles le Répi n'a pas lieu. Voyez auffi la Coutume du Bourbonnois, art. 68.

4. *Reliquats de compte de tutele.*] La Coutume d'Orléans, art. 424, dit : *Reliquat de l'adminiftration & gouvernement que les detteurs ont eu des biens de l'Eglife, chofe publique, prodigues & infenfés.* Voyez auffi l'article 68 de la Coutume du Bourbonnois.

5. *Dépôts néceffaires.*] Ou volontaires. (Déclaration du 23 Décembre 1699, art. 10, rapporté ci-après, note 11, page fuiv.)

6. *Maniement de deniers publics.*] Comme font ceux faits par les Notaires, Greffiers, Receveurs des confignations, Receveurs des tailles, Payeurs des rentes, Huiffiers & autres.

7. *Lettres de Change.*] Parce que c'eft une efpece de dépôt. (Ainfi jugé par Arrêt du 4 Mars 1672, rapporté au Journal du Palais, tome 1 de l'édition in-folio.)

8. *Marchandifes prifes fur l'Etape, Foires, marchés, halles, ports publics*] L'article 428 de la Coutume d'Orléans porte : >> que tous ache->> teurs de beftial, vins, bled, & autres grains >> achetés en marchés publics, encore que lef->> dits bleds & vins ne fuffent achetés que fur >> le fimple témoin, feront contraints au paye->> ment par prifon après la huitaine, fans pou->> voir jouir du bénéfice de ceffion, ni de répi >> d'un an & cinq ans.

9. *Poisson de Mer , frais , sec & salé.*] La Coutume d'Orléans , art. 428 , dit : *Tous acheteurs de poisson . tant d'eau douce que de mer ;* ce qui ne doit cependant s'entendre que du poisson vendu en lieu public, comme sont les marchés , ponts & chauffées, des étangs au temps de la pêche. (Ainsi jugé au Bailliage d'Orléans , par Sentence du 20 Décembre 1737 , qui a admis un débiteur au bénéfice de cession pour dette provenante de poisson vendu , mais non en marché ou lieu public.) Cette Regle doit avoir lieu par la même raison à l'égard des Lettres de Répi.

10. *Arrérages de rentes foncieres.*] A plus forte raison cela doit-il avoir lieu pour cens & droits de fief. (Coutume du Bourbonnois , article 68.)

11. *Et redevance de baux emphytéotiques.*] L'article 10 de la Déclaration du 23 Décembre 1699, veut » qu'outre les dettes spécifiées » en cet article 11 du titre 6 de l'Ordonnance » de 1669, il ne soit accordé aucunes Let- » tres de Répi pour restitution de dépôts vo- » lontaires , stellionat, réparations , *dommages* » *& intérêts en matiere criminelle* (a) , ni pour » les poursuites des cautions extrajudiciaires , » & des co-obligés, qui pourront nonobstant » les Lettres de Répi , agir contre ceux qui les » auront obtenues par la même voie qu'ils » seront poursuivis ; & qu'en cas qu'il en fût » obtenu quelqu'une, elles n'auront aucun effet » à l'égard des Lettres de la qualité portée , » tant par ledit article 11 que par le présent » article.

(a) *Dommages & intérêts en matiere criminelle.*] Mais cela n'a pas lieu pour de simples dépens, quoiqu'en criminel , à moins qu'ils ne soient adjugés par forme de dommages & intérêts.

Outre les cas précédents, il y en a encore plusieurs autres, pour lesquels le bénéfice de répi n'est point admis. Ainsi :

1°. Quand il s'agit de deniers Royaux, ce bénéfice n'a pas lieu à l'égard de ceux qui sont redevables de ces deniers, parceque le Roi n'accorde jamais de Privilege contre lui-même.

2°. Les Courtiers & autres qui s'entremêlent, moyennant salaire, de faire vendre ou acheter des bleds, vins, chevaux ou autres marchandises, ne peuvent jouir d'aucun répi, & sont contraignables par corps pour rendre & restituer lesdites marchandises, ou le prix qu'elles ont été vendues. (Coutume d'Orléans, art. 429.)

3°. Les acheteurs de biens vendus à l'encan, la solemnité de justice gardée, ne peuvent jouir du bénéfice des Lettres de Répi, & peuvent même être contraints par corps au payement des choses vendues. (Coutume d'Orléans, art. 439.)

4°. La Coutume de Paris en l'article 111 ajoute encore deux cas : le premier est pour dettes de mineurs, contractées avec eux ou avec leurs tuteurs durant leur minorité ; le second est pour dettes adjugées par Sentence définitive & contradictoire.

L'Ordonnance du mois d'Août 1669, & la Déclaration du 23 Décembre 1699, ne parlent point de ces deux cas; ainsi cette disposition de la Coutume de Paris ne doit point être étendue aux autres Coutumes. Quelques Auteurs observent même que cet article 111 n'est pas observé indistinctement à Paris, mais seulement dans les cas où les dettes ont été contractées des deniers des mineurs, & non quand ces dettes proviennent des deniers de ceux auxquels ils ont succédé.

Il faut observer que si pour raison de quelque dette privilégiée , du nombre de celles dont il vient d'être parlé, il y a eu une nouvelle obligation paſſée par le débiteur au profit du créancier , & de ſon conſentement , cette novation n'empêche pas le privilege de la dette , pourvu que cette obligation ſoit cauſée, d'autant que la cauſe du privilege ſubſiſte toujours, comme il a été jugé par Arrêt rapporté par Papon , en ſes Arrêts, livre 10 , titre 9 , article 14. Le plus ſûr néanmoins dans ce cas, eſt que le créancier par l'obligation faſſe réſerve de ſes droits & priviléges.

11. *Sur la fin de l'Article*] L'article 11 de la Déclaration du 23 Décembre 1699 , porte que » ſi les créanciers pour dettes contre leſ-
» quelles les Lettres de Répi ne doivent pas
» avoir lieu, font vendre les meubles ou im-
» meubles de leur débiteur, ſes autres créan-
» ciers pourront former leur oppoſition & con-
» teſter ſur la diſtribution du prix , même tou-
» cher les ſommes qui leur ſeront adjugées ,
» nonobſtant l'entérinement qui pourroit avoir
» été ordonné avec eux des Lettres de Répi ;
» ſans néanmoins qu'ils puiſſent pendant le
» délai qui aura été donné au débiteur faire
» aucune exécution ſur lui , ni pourſuivre la
» vente de ces effets, ſi ce n'eſt qu'ils euſſent
» commencé leurs exécutions , ou qu'ils fuſ-
» ſent pourſuivans criées avant la ſignification
» des Lettres de Répi , & qu'ils fuſſent ſommés
» par les créanciers contre leſquels elles n'ont
« lieu de continuer leurs pourſuites , ou de les
» y laiſſer ſubroger par la juſtice.

L'article 12 de la même Déclaration veut
» pareillement que les impétrants ne puiſſent
» s'en ſervir, s'ils étoient accuſés de banque-
» route & conſtitués priſonniers, ou le ſcellé
» appoſé ſur leurs effets pour ce ſujet ; & qu'en

» cas qu'avant la fignification des Lettres de Répi
» ils euffent été arrêtés prifonniers pour dettes
» civiles feulement, ils ne pourront être élargis
» en vertu defdites Lettres, s'il n'eft ainfi or-
» donné par le Juge auquel elles auront été
» adreffées, après avoir entendu les créanciers à
» la Requête defquels ils auront été arrêtés ou
» recommandés.

Article XII.

N'entendons qu'aucun puiffe eftre exclus d'obtenir répy *fous prétexte de renonciations* (1) qu'il y auroit faites dans
les actes & contracts qu'il auroit paffez,
lefquelles renonciations nous déclarons
nulles.

1. *Sous prétexte de renonciations.*] Parce qu'il
feroit aifé aux créanciers, en faifant inférer
cette claufe dans les billets ou obligations de
leurs débiteurs, de les priver d'une faveur qui
n'a été introduite que par des raifons d'huma-
nité, & pour éviter à des débiteurs malheu-
reux & dignes de compaffion, les rigueurs de
la prifon ou autres pourfuites.

Il en eft autrement à l'égard des Lettres d'E-
tat, fuivant l'article 9 de la Déclaration du
23 Décembre 1702. (V. *fuprà*, titre 5, art. 1,
note (a), page 133.)

Article XIII.

*Ne feront accordées de fecondes Lettres
de répy* (1), finon pour caufes nouvelles
& confidérables dont il y aura commen-

cement de preuves, ainsi qu'il est ci-
dessus ordonné, sans que pour quelque
cause & prétexte que ce soit *il en puisse
estre accordé d'autres* (2).

1. *Ne seront accordées de secondes Lettres de
Répi.*] L'article 14 de la Déclaration du 23
Décembre 1699, veut ” que toutes les dispo-
” sitions des Ordonnances du mois d'Août 1669,
” & Mars 1673, aux titres des Répis, soient
” exécutées selon leur forme & teneur en tout
” ce qui n'est point contraire à cette Déclara-
” tion.

2. *Il en puisse être accordé d'autres.*] Parceque ce seroit abuser de la grace du Prince, &
qu'en renouvellant plusieurs fois ces Lettres, ce
feroit faire perdre indirectement aux créanciers
ce qui leur est dû.

Au reste, la disposition portée en la fin de
cet article, n'empêche pas que le débiteur qui
a déjà obtenu des Lettres de Répi, ne puisse faire
cession après l'échéance du délai porté par ces
Lettres. (V. Carondas en ses réponses, liv. 6,
rép. 18,) ce qui résulte aussi de la disposition de l'article 2 du tit. 9 de l'Ordonnance
du Commerce de 1673. (V. cet article avec les
notes.)

Voulons que la présente Ordonnance
soit gardée & observée dans tout notre Royaume, terres & pays de notre obéissance, à commencer au premier jour de Décembre de l'année présente : Abrogeons toutes Ordonnances,
Coustumes, Loix, Statuts, Réglements, Stils
& Usages différents ou contraires, aux dispositions y contenues : Si donnons en mandement à nos amés & féaux les Gens tenants nos
Cours de Parlement, Grand Conseil, Cham-

bre des Comptes, Cour des Aydes, Baillifs,
Senéchaux, & tous autres nos Officiers, que
ces Préfentes ils gardent, obfervent & entretiennent, faffent garder, obferver & entretenir; & pour les rendre notoires à nos fujets,
les faffent lire, publier & enregiftrer. CAR TEL
EST NOSTRE PLAISIR. Et afin que ce foit chofe
ferme & ftable à toujours, Nous y avons fait
mettre noftre Scel. DONNÉ à Saint Germain en Laye au mois d'Août, l'an de Grace
mil fix cens foixante neuf, & de noftre Regne
le ving-fept. Signé LOUIS : Et plus bas,
Par le Roi, COLBERT. *Et à cofté eft écrit :*
Vifa, SEGUIER, pour fervir aux Lettres
Patentes en forme d'Edit portant divers Réglements touchant la Juftice.

Leuës, publiées, regiftrées, ouy, & ce requé-
rant le Procureur Général du Roy, pour eftre exé-
cutées felon leur forme & teneur. A Paris en Par-
lement, le Roy y féant en fon Lit de Juftice, le
13 Aouft 1669. Signé, DU TILLET.

Fin de l'Ordonnance de 1669.

COMMENTAIRE

SUR

L'EDIT

Du mois de Mars 1673.

Touchant les Epices & Vacations.

COMMENTAIRE

SUR

L'EDIT

Du mois de Mars 1673.

Servant de Réglement pour les Epices &
Vacations des Commiſſaires, & autres
frais de Juſtice.

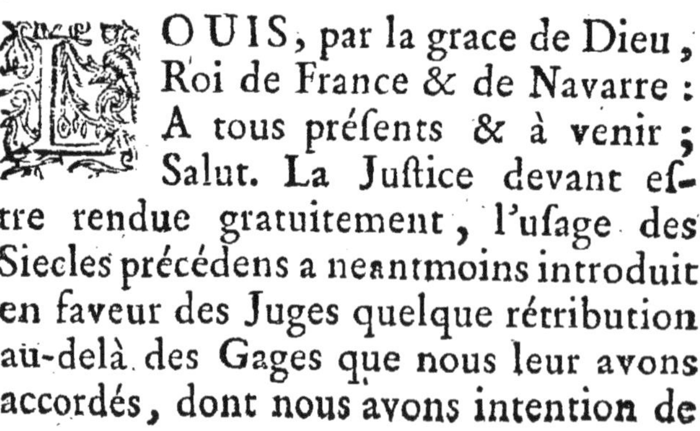

OUIS, par la grace de Dieu, Roi de France & de Navarre : A tous préſents & à venir ; Salut. La Juſtice devant eſtre rendue gratuitement, l'uſage des Siecles précédens a neantmoins introduit en faveur des Juges quelque rétribution au-delà des Gages que nous leur avons accordés, dont nous avons intention de nous charger à l'avenir , lorsque l'état de nos affaires le permettra ; cependant Nous avons réfolu d'y pourvoir par un tempéramment convenable. A ces .causes, de l'avis de noftre Confeil, & de noftre certaine Science , pleine Puiffance & autorité Royale : Nous avons dit , déclaré & ordonné, difons, déclarons & ordonnons, & Nous plaift ce qui enfuit.

ARTICLE I.

Voulons que par provifion , & en attendant que l'eftat de nos affaires Nous puiffe permettre d'augmenter les gages de nos Officiers de Judicature , pour leur donner moyen de rendre gratuitement la Juftice à nos fujets, aucuns de nos Juges ou autres, mefme nos Cours , ne puiffent prendre *d'autres Epices, Salaires, ni Vacations* (1) pour les vifites, rapports & jugements des procez civils ou criminels, *que celles qui feront taxées* (2) *par celui qui aura préfidé* (3) , fans qu'on puiffe prendre ni recevoir aucuns droits, fous prétexte d'extraits, de *fciendum* (4) ou d'arrefts.

1. *D'autres Epices , Salaires ni Vacations.*] Les *Epices* font les droits ou falaires , que les Juges perçoivent pour la vifite & le rapport des Procès appointés en droit ou à mettre.
Vacations

Vacations se dit, à proprement parler, des droits qui se perçoivent pour quelque examen, Procès-verbal ou autre acte de Justice, par les Juges, Commissaires, & autres personnes employées aux fonctions de Justice, autres que celles des jugements, comme sont les actes qui se font à l'Hôtel du Juge, ceux de Jurisdiction volontaire, ceux qui dépendent des fonctions de Commissaires, enquêteurs, examinateurs, & autres semblables.

2. *Que celles qui seront taxées.*] Cette taxe doit être proportionnée au travail, & au nombre des séances employées à la visite & au jugement du Procès, ainsi qu'à la qualité des faits & de la difficulté ou importance de l'affaire, sans avoir égard au nombre des Juges, & sans considérer la valeur des choses contentieuses, ni la qualité des Parties. (C'est la disposition de l'Ordonnance du 28 Décembre 1409, article 15. *Idem* par Arrêt du 28 Mai 1501, servant de Réglement pour le Châtelet de Paris, rapporté par Joli, en son Recueil, tome 2, page 1418.) La même chose se trouve établie par un Arrêt du Conseil du 18 Juillet 1677, servant de Réglement pour le Présidial de Tours, art. 41, & par l'art. 37, de l'Arrêt de la Cour du 10 Juillet 1665, servant de Réglement pour les Bailliages, Sénéchaussées & Sieges Présidiaux du ressort du Parlement de Paris. (V. au recueil, tom. 1, pag. 640.)

3. *Par celui qui aura présidé.*] Cette disposition est conforme à l'article 31 de l'Ordonnance de Roussillon, & à l'article 127 de l'Ordonnance de Blois. La même chose a été réglée par l'article 41 de l'Arrêt du Conseil du 18 Juillet 1677, rendu pour le Présidial de Tours, qui vient d'être cité; par un Arrêt de la Cour du 19 Août 1687, rendu pour le Bail-

H

liage de Chinon, art. 19, & par un autre Arrêt du Conseil du 16 Mars 1705, rendu pour le Présidial d'Autun, art. 21. L'Edit du mois de Septembre 1697, servant de Réglement pour les Présidiaux de Franche-Comté, article 37, renferme la même disposition.

Lorsque celui qui préside est Rapporteur du Procès, la taxe doit être faite par celui qui le suit immédiatement dans l'ordre du Tableau, de l'avis de ceux qui ont assisté au jugement du Procès. (Ainsi jugé par Arrêt de la Cour, de l'année 1627, rendu pour le Présidial de Laon, rapporté par Filleau, en son recueil d'Arrêts, tome I, partie 1, p. 198. *Idem* par l'art. 41 de l'Arrêt du Conseil du 18 Juillet 1677, rendu pour Tours; & par l'art. 21 de l'Arrêt du Conseil du 16 Mars 1705, rendu pour le Présidial d'Autun, ci-dessus cités. Un autre Arrêt du Conseil du 20 Juin 1624, servant de Réglement pour le Présidial de Toulouse, & rapporté par Descorbiac en son recueil de Réglements, ajoute que cette taxe se fera alors en l'absence du Président.)

Les anciens Réglements, & même quelques nouveaux, portent que dans les Présidiaux, ainsi que dans les Bailliages, Sénéchaussées & Prévôtés, cette taxe doit se faire par celui qui a présidé, de l'avis des Juges qui ont assisté au jugement du Procès, à la pluralité des voix. (Ainsi jugé par un grand nombre d'Arrêts, & entre autres pour le Châtelet de Paris, par Arrêt du 28 Mai 1501, rapporté par Joli, p. 1418. Autre du 17 Juillet 1540, pour Poitiers. Autre du 17 Juillet 1560, pour Carcassonne. Autre du 9 Mars 1575, pour Toulouse. Autre du 25 Juin 1580, pour Dijon. Autre du 12 Mai 1581, pour Montargis. Autre du 15 Juin 1591, pour Troyes. Autre du 27 Janvier 1607, pour Lou-

duh. Autre du 28 Mars 1609, pour Laon. Autre du 19 Février 1611, pour Chaumont en Baf-
figny. Autre du 23 Novembre 1613, pour Bourges. Autre du 19 Mai 1615, pour Moulins.
Autre du 22 Décembre 1617, pour Lyon. Autre
du 7 Mars 1626, pour Vitry. Autre du 13
Février 1627, pour Fontenai-le-Comte. Autre
du 21 Juillet 1629, pour Guéret. Autre du
1 Septembre audit an, pour Clermont. Autre
du 26 Février 1630, pour le Mans. Tous ces
Arrêts font rapportés par Joli, Filleau & Defcorbiac. Autre Arrêt du 10 Juillet 1665, fervant de Réglement pour les Bailliages, Sénéchauffées & Préfidiaux du reffort du Parlement
de Paris, art. 14. Autre du 23 Mai 1678,
fervant de Réglement pour les Officiers de la
Prévôté du Mans. Ce dernier porte » que les
» Epices feront taxées en la maniere accoutu-
» mée, à la pluralité des voix de ceux qui au-
» ront affifté au jugement du Procès ; & que
» s'il arrive que le Préfident ne foit pas de
» l'avis de la taxe, il pourra en fignant la
» minute de la Sentence écrire de fa main,
» qu'à l'égard de la taxe des Epices, elle a paffé
» contre fon avis, & qu'en ce cas, s'il y a ap-
» pel de ladite taxe, le Préfident ne pourra
» répondre de l'excès de la taxe, ni être pris à
partie & intimé en fon nom. Il paroît par le
préambule de cet Arrêt, que le Préfident de-
mandoit à taxer feul ces Epices.

Cet ufage de taxer les Epices à la pluralité
des voix, étoit non-feulement établi pour les
Procès civils, mais auffi pour les Procès criminels. (Ainfi jugé par Arrêt du 7 Mars 1626,
rendu pour le Bailliage de Vitry, rapporté par
Joli, tome 2, page 1866, & par un autre du 13
Février 1627, rendu pour Fontenai-le-Comte,
rapporté auffi par Joli, tom. 2, pag. 1866.)

H ij

Ce qui avoit pareillement lieu pour les procès de Maréchauffées. (Arrêt du Grand-Conseil du 30 Juin 1618, servant de Réglement entre le Prévôt de la Maréchauffée & les Officiers du Préfidial d'Orléans, rapporté par Neron, tome 2, page 571, de la nouvelle édition. Autre du 28 Septembre 1621, servant de Réglement entre le Vice-Baillif de Chartres & les Officiers du Préfidial de la même Ville, rapporté par Filleau, tome 1, partie 2, p. 126. Autre du 2 Septembre 1624, rendu entre le Prévôt des Maréchaux, & les Officiers du Préfidial de Sens, rapporté par Filleau, *ibid.* p. 129.)

Quelques-uns de ces Réglements portent, que la taxe qui fera ainfi faite à la pluralité des voix, fe fera en l'abfence du Rapporteur. (Arrêt du 10 Janvier 1587, fervant de Réglement pour les Officiers de la Prévôté d'Orléans, art. 6, rapporté par Joli, tom. 2, pag. 892. Autre du 7 Mars 1626, rendu pour le Bailliage de Vitry, ci-deffus cité. Autre du 1 Septembre 1629, rendu pour le Préfidial de Clermont, rapporté par Filleau, tom. 1, pag. 151. Arrêt du Confeil du 20 Juin 1634, rendu pour le Préfidial de Toulouse, rapporté par Defcorbiac.)

D'autres Réglements n'autorifoient les Lieutenants Généraux des Bailliages & Sénéchauffées à faire feuls la taxe des Epices, que quand elles n'excédoient point la fomme de quatre cents liv. (Ordonnance de Rouffillon, art. 31, à quoi font conformes plufieurs Arrêts rapportés par Defcorbiac en fon recueil de Réglements, tit. 2, chap. 14, 41, 48, 72 & 82, & un autre Arrêt du 26 Septembre 1625, rendu pour le Siege de Périgueux, rapporté par Filleau, t. 1, p. 148.)

Il paroît que les nouveaux Réglements, & fur-tout l'article I du préfent Edit du mois de Mars 1673, ont dérogé aux anciens, & qu'aujourd'hui dans les Préfidiaux, ainfi que dans les Bailliages & Sénéchauffées, c'eft à celui qui a préfidé au jugement d'un Procès à taxer les Epices ; ce qui fe fait néanmoins toujours de l'avis du Rapporteur, auquel même le Préfident s'en rapporte là-deffus ; mais s'il y avoit de la conteftation entre eux à ce fujet, il femble que c'eft à la compagnie entiere à en décider.

Au Châtelet de Paris, l'ufage eft que le Préfident & le Rapporteur taxent les Epices, quand elles n'excedent pas la fomme de trois cents livres ; mais quand elles font au-deffus, c'eft la Compagnie qui les regle à la pluralité des voix.

4. *De Sciendum.*] Ce mot fignifie, à proprement parler, les droits & falaires qui fe perçoivent par les Officiers des Chancelleries pour les expéditions qui s'y délivrent. Ce mot vient d'un ancien titre qui regle ces droits, & qui commence par le mot *Sciendum*.

ARTICLE II.

Ne feront taxées aucunes Epices *pour les Procez qui feront évoquez* (1) ou dont la connoiffance fera interdite aux Juges, *encore que le Rapporteur en ait fait l'Extrait* (2) qu'ils ayent efté mis fur le Bureau, & mefme efté veus & examinez.

1. *Pour les Procès qui feront évoqués.*] V. *infrà*, art. 22.

2. *Encore que le Rapporteur en ait fait l'extrait.*] Les Rapporteurs font tenus de faire eux-mêmes les extraits des Procès qu'ils rapportent. (Ordonnance du mois d'Avril 1453,

art. 112. V. au recueil, tom. 1, page 1,
Ordonnance de Blois, art. 127.) L'Edit du mois
de Mars 1549, art. 28, ajoûte, à peine de suf-
penfion pour trois mois.

ARTICLE III.

Lors qu'en matiere Bénéficiale après
la communication au Parquet, toutes
les Parties feront d'accord *de paffer appointement à l'audience* (1) fur la main-
tenue diffinitive du Bénéfice contentieux,
s'il intervient Arreft portant que les titres & capacitez des Parties feront veuës,
ne pourront en ce cas eftre taxées aucunes Epices pour le rapport, vifite, &
jugement du procez.

1. *De paffer appointement à l'audience.*] V.
infrà, art. 14.

ARTICLE IV.

Celui qui aura préfidé, écrira de fa main
(1) au bas des minutes des Arrefts, Jugements & Sentences, la taxe des Epices
& Vacations; *& en fera fait mention
par les Greffiers* (2) fur les Groffes &
Expéditions qu'ils délivreront tant des
Arrefts que des Jugements & Sentences;
comme auffi de tous les droits de Greffe
(3) & de l'expédition.

1 *Celui qui aura présidé écrira de sa main.*]
Cette taxe doit être écrite au long , & non en
chiffres. (Arrêt du 9 Mars 1575 , art. 11 , rendu pour le Parlement de Toulouse. V. la Roche-
Flavin, en son Traité des Parlements de France,
liv. 2 , ch. 22 , art. 20.)

2. *Et en sera fait mention par les Greffiers.*]
Afin que les Juges supérieurs puissent réformer
cette taxe , si elle est excessive.

Cette disposition est conforme à l'Ordonnance
du mois de Mars 1498 , articles 57 & 100 , à
celle de 1535 , ch. 12 , art. 15 , à celle de Roussillon , art. 34 , & à l'Edit du mois de Janvier
1685 , rendu pour le Châtelet de Paris , art. 29.
V. le recueil , tom 1 , pag. 553, V. aussi l'Ordonnance de Blois , art. 159.

3. *Comme aussi de tous les droits de Greffe.*]
V. la même Ordonnance de Blois , art. 59.

ARTICLE V.

Les Epices & vacations seront payées
par les mains des Greffiers (1) ou autres
personnes chargées par l'ordre des Compagnies, qui en tiendront Registres, à
la marge desquels ceux qui les auront re-
ceus *mettront leur reçeu* (2), sans qu'eux
ou leurs Clercs puissent les prendre ni
recevoir *par les mains des Parties* (3) ou
autres personnes , ni les Greffiers perce-
voir pour raison de ce aucuns droits :
Et où il y auroit des Receveurs des Epices & Vacations établis en titre d'Office, Voulons qu'ils ayent à se retirer par-

devers Nous, *pour eſtre inceſſamment pourveu à leur rembourſement* (4).

1. *Par les mains des Greffiers.*] V. l'Ordonnance du mois de Mars 1498, art. 57 & 100, celle du mois d'Octobre 1535, ch. 8, art. 15, & l'Arrêt de réglement du 10 Juillet 1665, art 14, rapporté au recueil, tom. 1, pag. 609.

2. *Mettront leur reçu.*] Cette diſpoſition eſt conforme à l'Ordonnance de Blois, art. 159, & à l'Arrêt de réglement du 10 Juillet 1665, article 22.

3. *Par les mains des Parties.*] Car il y auroit en cela une eſpece d'indécence, qui ne convient point à la dignité des Juges. (V. l'Ordonnance du mois de Juillet 1493, art. 16.)

4. *Pour être inceſſamment pourvu à leur rembourſement.*] Ces Offices qui avoient été créés par Edits des années 1581 & 1586, & ſupprimés par un autre Edit du mois de Juillet 1626, ont été rétablis en 1691, par Edit du mois de Février, avec attribution du droit de quatre ſols pour livres ; mais depuis ils ont été de nouveau ſupprimés par Edit du mois d'Août 1716, & les droits s'en perçoivent aujourd'hui au profit du Roi, excepté dans les Villes où les anciens titulaires de ces Offices ont été conſervés dans leurs droits, comme dans les Villes d'apanages, telles qu'Orléans, &c.

ARTICLE VI.

La communication des Arreſts, Jugements & Sentences qui auront eſté miſes au Greffe, *ne pourra eſtre refuſee aux Parties* (1), encore que les Epices & Va-

cations n'ayent esté payées, à peine de
soixante livres d'amende contre les Greffiers de nos Cours, & de trente livres
contre ceux des autres Justices, qui ne
pourra estre remise ni modérée, à faute
par eux de satisfaire dans la huitaine
à la premiere sommation qui leur aura
esté faite, à leurs Clercs ou Commis.

1. *Ne pourra être refusée aux Parties.*] On ne
peut pas non plus différer la prononciation des
jugements, faute de paiement des Epices. (Ordonnance d'Orléans, art. 62.)

Ni retenir en prison sous le même prétexte.
(Arrêt de réglement du 10 Juillet 1665, art.
15, rapporté au recueil, tom. 1, pag. 609. Ordonnance de 1670, tit. 13, art. 29.)

A plus forte raison, les Juges ne peuvent
faire consigner les Epices d'un Procès avant
qu'il soit jugé. (Arrêt de réglement du 10 Juillet 1665, article 14. Autre Arrêt du 8 Août
1709, rapporté au Journal des Audiences. Déclaration du Roi du 26 Février 1683, rapporté
au recueil, tom. 1, pag. 510.)

Il n'est pas permis non plus aux Greffiers
de retenir sous ce prétexte les productions des
Parties. Il s'étoit à la vérité introduit à cet
égard un usage abusif dans plusieurs Sieges, &
l'on trouve même au Journal des Audiences
un Arrêt du 12 Avril 1661, rendu pour le Présidial de Soissons, qui fait défenses aux Greffier de délivrer aux parties les grosses des Sentences, *& de rendre les productions aux parties,*
que les Epices & Vacations de Juges n'aient été
payées ; mais l'art. 4, du titre 31 de l'Ordonnance de 1667, a remédié à cet abus, en obli-

geant les Greffiers de délivrer aux Procureurs des Parties les productions des Procès rapportés, à peine, en cas de refus, de trois livres contre le Greffier par chacun jour, dont il sera délivré exécutoire à la partie.

Article VII.

Deffendons à toutes nos Cours & Juges, mefme à ceux des Seigneurs, de décerner en leurs noms, ni de leurs Greffiers ou Receveurs *aucuns Exécutoires* (1) pour le payement de leurs Epices, & Vacations, à peine de concuffion. Pourront néantmoins les Exécutoires eftre délivrez aux Parties intéreffées au procez, *qui les auront débourfées* (2), ainfi qu'il eft accoutumé.

1. *Aucuns exécutoires.*] L'Arrêt de Réglement du 10 Juillet 1665, art. 14 & l'Ordonnance de 1670, tit. 25, art 16, renferment une pareille difpofition. L'article 18 du même tit. 25 de la même Ordonnance, enjoint aux premiers Juges d'obferver le contenu audit article 16, à peine de cent cinquante livres d'amende, à laquelle, en cas de contravention, ils feront condamnés par les Juges fupérieurs, fans pouvoir être remife ni modérée, & que les mêmes exécutoires feront par eux delivrés pour raifon de ces condamnations. V. auffi un Arrêt de la Cour des Aides du 23 Avril 1604, rapporté au Journal des Audiences.

Il eft défendu par la même raifon aux Juges, de même qu'aux Greffiers, Notaires, Sergents & autres Officiers de Juftice, de prendre dé-

rectement ou indirectement aucune promesse
ou obligation, sous leur nom & sous ceux d'autres personnes, pour les taxes, salaires, & vacations qui leur appartiennent, à peine d'interdiction & de tous dépens, dommages & intérêts
des parties. (Arrêt de réglement du 15 Janvier
1684. V. le recueil, tom. 1, p. 533.)

Au reste, il faut observer que les Epices doivent se payer par provision, nonobstant l'appel
de la Sentence ; & que les parties ne peuvent
obliger les Greffiers d'en délivrer les expéditions, sans payer ces Epices. (Ordonnance du
mois de Juin 1510, article 44. V. le recueil,
tome 1, page 2.)

2. *Qui les auront déboursées.*] V. l'Ordonnance de 1667, titre 11, article 18.

ARTICLE VIII.

Deffendons à tous Juges de prendre
aucunes taxes ni salaires *pour les Permis-*
sions de saisir ou d'assigner (1) *, ni pour les*
Publications de testaments & substitutions
(2), baux judiciaires (3), ventes de fruits
& de choses mobiliaires (4), remises &
adjudications par décret (5) & par licita-
tion (6), & pour avoir receu les affirma-
tions (7).

1. *Pour les permissions de saisir ou d'assigner.*]
II en est de même des Ordonnances de *Pareatis.*
(Ordonnance du mois de Janvier 1629, art. 20.
Arrêt du 7 Avril 1601, rapporté par Papon en
ses Arrêts, liv. 7, titre 5, note 6.)
2. *Pour les publications de testaments & substi-*
tutions.] Même disposition par l'Arrêt de ré-

glement de la Cour du 10 Juillet 1665, art. 36, & par l'Arrêt du 10 Juillet 1688, rendu contre le Lieutenant Général de Melun.

Il n'est pas permis par la même raison de prendre des Epices pour l'attache, lecture & publication des Lettres de grâce & autres. (Ordonnance de 1670, titre 16, article 23.)

3. *Baux judiciaires.*] *Idem* par l'Arrêt de réglement du 10 Juillet 1665, article 36.

4. *Vente de fruits & de choses mobiliaires.*] Parceque ces ventes se font à l'audience.

Cette disposition est conforme à l'Arrêt du 12 Avril 1661, rendu entre les Officiers du Présidial de Soissons, rapporté au Journal des Audiences; & à l'article 36 de l'Arrêt de réglement du 10 Juillet 1665.

5. *Remise & adjudication par Décret.*] *Idem* par l'Arrêt du 10 Juillet 1665, art. 36. Cet article ajoute » & quant aux Sieges dans lesquels » par disposition des Coutumes, ou par stile & » usage, après l'adjudication par décret on reçoit les encheres hors l'Audience, les Juges » ne pourront prendre aucunes Epices ou Vacations des décrets qu'ils délivreront ensuite » desdites encheres, eu égard à la qualité du » prix de l'adjudication, ni autrement, mais se » contenteront pour leur vacation, de trente » sols pour chacune enchere, non excédant le » nombre de quatre, sans néanmoins (au cas » qu'il y en ait plus de quatre) qu'ils puissent » prendre plus grande taxe & vacation que six » livres, leur faisant défenses de faire aucunes » taxes pour les vacations dudit décret, soit à » leurs Clercs, Greffiers en chef ou Audien-ciers, leurs Commis, Clercs desdits Greffes, » ou autres. » Autre Arrêt du 10 Juillet 1688, rendu contre le Lieutenant Général de Melun, qui ajoute, » ou pour ventes & adjudications

 fur trois publications. Autre du 30 Juin 1689 ,
pour les Officiers du Préfidial d'Angoulême, rapporté par Henris, tome 2 , page 132, article 45 ,
ce dernier Arrêt ajoute , qu'en ce qui concerne
la fignature des baux judiciaires , le Lieutenant
Général fe conformera aux Ordonnances & fe
taxera modérément , tant pour les adjudications que pour les réceptions de cautions pré-
fentées par les adjudicataires des baux judiciaires.

6. *Et par licitation.*] *Idem* par l'Arrêt du 10
Juillet 1688 , rendu contre le Lieutenant Général de Melun.

Les Juges ne peuvent prendre aucunes vacations pour les publications d'encheres. (Ordonnance de Blois , art. 163. Arrêt de réglement du 10 Juillet 1665 , art. 36. Autre du 10
Juillet 1688 , rendu contre le Lieutenant Général de Melun.)

Ni pour certification de criées. (Même Arrêt
du 10 Juillet 1665 , art. 36. *Idem* , par l'Arrêt
du 10 Juillet 1688 , rendu contre le Lieutenant Général de Melun.)

7. *Et pour avoir reçu les affirmations.*] V. la
note 5 , ci-deffus , fur la fin.

En général , il n'eft pas permis aux Juges de
prendre aucunes vacations , 1°. Pour les Sentences ou Actes qui s'expédient à l'audience ,
même pour ceffions de biens. (Arrêt du 10
Juillet 1665 , art. 36. Autre du 10 Juillet 1688,
rendu contre le Lieutenant Général de Melun.
Autre du 3 Septembre 1711 , qui condamne en
ce cas des Officiers à rendre aux parties les vacations par eux prifes.)

C'eft par cette raifon , qu'il eft défendu de
prendre des Epices en matiere de déclinatoires,
renvois & incompétence. (Arrêt du 23 Août
1663 , rendu pour les Officiers du Préfidial

d'Angoulême, rapporté au Journal des Audiences. Ordonnance de 1667, tit. 6 , art. 8.)

Ainfi que pour les jugements de compétence en matiere criminelle, quand même il y auroit partie civile. (Arrêt du Confeil du 16 Mars 1608 , rendu pour Armagnac. Autres du Grand Confeil du 30 Juin 1611 , pour Evreux ; du 30 Juin 1618 , pour Orléans , & du 2 Mai 1663 , pour Andely. Autre Arrêt du 30 Août 1611 , rendu pour le Préfidial de Limoges. Autre du 12 Avril 1661 , rendu pour le Préfidial de Soiffons, rapporté au Journal des Audiences. Autre Réglement du 2 Août 1688 , pour le Préfidial de Poitiers, art. 57. Autre Arrêt du 30 Août 1702 , rendu contre les Officiers du Préfidial d'Angers.)

C'eft encore par la même raifon, qu'il eft défendu de prendre des Epices pour les matieres fommaires , parceque ces affaires doivent être jugées à l'audience ou fur le bureau. (Ordonnance de 1667 , tit. 17 , articles 8 & 10.) Voyez *ibidem*, art. 1 , 2 , 3 , 4 & 5 , quelles font les affaires qui font réputées fommaires.

Et pour les affaires qui requierent célérité ; (Arrêt de l'année 1727 fervant de Réglement pour les Officiers du Préfidial de Laon, rapporté par Filleau, tome 1, page 198,) comme font les affaires de Police ; (Arrêt du Parlement du 19 Décembre 1708 , rendu contre les Officiers du Préfidial d'Angers ,) & les Sentences de provifion. (Ordonnance de 1670 , titre 12 , art. 3.)

Et en général pour les délibérés qui fe font fur le Regiftre. Arrêt de réglement du 3 Septembre 1667 , qui ajoute , » à peine de con» cuffion & de reftitution du quadruple.)

2°. Il n'eft pas permis aux Juges de prendre des Epices pour le jugement des congés & défauts , parceque ces jugements doivent tou-

Jours être rendus à l'audience ou sur le bureau, quand même il s'agiroit d'affaires non sommaires. (Ordonnance de 1667, titre 5, articles 3 & 4, & titre 11, article 5. V. aussi *infrà*, article 12.)

Ni pour les jugements interlocutoires, & de simple instruction. (Edit des Présidiaux du mois de Janvier 1551, article 7. Arrêt de réglement du 10 Juillet 1665, art. 22.)

Ni pour assister aux questions, prononciations de Sentence & exécutions de jugement en matiere criminelle, encore qu'il y ait partie civile. (Arrêt du 29 Novembre 1596, pour Lyon, article 26, rapporté par Joli, tom. 2, page 1020.)

Ni pour élargissement de prisonniers. (Arrêt du 9 Mars 1575, rendu pour Toulouse, rapporté par Joli, p. 1023, art. 16. Ordonnance du mois de Mars 1498, art. 128. Ordonnance de 1535, chapitre 13, article 4. Ordonnance de Roussillon, article 33. Ordonnance de Blois, art. 131. Ordonnance de 1670, titre 13, article 29. Edit du mois de Janvier 1685, rendu pour le Châtelet de Paris, art. 28.)

3°. Il n'est dû aucunes Epices pour appointements volontaires. (Arrêt de Réglement du 28 Février 1598, rapporté par Joli, tome 2, page 1038. V. aussi ci-dessus, art. 3, p. 174, & *infrà*, art. 14.)

4°. Il y a même des cas où dans les Procès appointés, ou à mettre, il n'est pas permis aux Juges de prendre Epices. Ce qui a lieu :

Premièrement, quand la Partie est pauvre. (Arrêts des grands Jours du 10 Décembre 1665, article 3, qui porte, que dans ce cas les Procès seront instruits & jugés gratuitement.) Ce qui est conforme à la Loi *sit tibi quoque. Cap. 3, in Authent. de mandatis Principum, Novell.*

17, qui porte que *Judices debent gratis audire litigantes si sint pauperes.*

C'est par cette raison, que les Religieux mendiants ne paient point d'Epices pour les Procès qu'ils perdent. (Ainsi jugé par Arrêts du Parlement de Toulouse, des 26 Août 1553, & 29 Avril 1559, rapportés par la Roche Flavin, en son Traité des Parlements de France, livre 2, chap. 8 & 9, n. 71.) Cet Auteur ajoute néanmoins, qu'il en est autrement, si ce sont les mendiants qui obtiennent condamnation à leur profit.

De même quand les affaires sont peu importantes, quoiqu'appointées en droit, on ne doit point prendre d'Epices. L'Arrêt de Réglement de l'année 1627, rendu pour le Présidial de Laon, ci-dessus cité, dit quand les affaires n'excéderont dix livres. L'article 21 du Réglement du 10 Juillet 1665, dit en général, que les causes sommaires & toutes autres non excédentes cent livres, seront jugées en l'audience, ou sur le vû des pieces, sans prendre aucunes Epices ni autres salaires.

5°. Les Juges ne doivent point prendre d'Epices ni de Vacations dans les Procès, tant civils que criminels, où le Procureur du Roi est seul partie. (Ordonnance de Blois, art. 129, qui en excepte seulement les gros Procès domaniaux. Arrêt des grands Jours de Clermont du 10 Décembre 1665, art. 23. Autre Arrêt des grands Jours de Poitiers du 15 Janvier 1689, art. 40. V. aussi le Code Henri, liv. 3, tit. 8, art. 15 & tit. 11, art. 2 & 3.)

Il faut néanmoins excepter de cette regle les frais de transport des Juges, qui leur sont taxés dans le cas où il est nécessaire qu'ils se transportent hors de leur Ville, encore même qu'il n'y ait aucune partie civile. Ces frais de transport font même réglés par des Arrêts du Confeil, fuivant les différents Sieges. Ceux pour Orléans font réglés par un Arrêt du Confeil, du 16 Octobre 1684. (V. le nouveau recueil, tome 1, page 543.)

Article IX.

Les Officiers des Préfidiaux qui ont financé *pour les droits de fignature & paraphe* (1) rapporteront leurs titres dans fix mois; paffé lequel temps, faute d'y fatisfaire, Nous leur deffendons de continuer la perception de ces droits, à peine de concuffion.

1. *Pour les droits de fignature & paraphe.*] Ce droit de fignature & paraphe a été établi en faveur des Préfidents des Préfidiaux, par un Edit du mois de Février 1705, pour arrêter & parapher les Jugements rendus à l'Audience de leurs Sieges; & par une Déclaration du 4 Août 1705, il a été permis aux mêmes Préfidents de difpofer, vendre & défunir ce droit, ainfi qu'ils le jugeront à propos. Ce droit eft de cinq fols pour chaque Jugement diffinitif, & de quatre fols pour les Jugements interlocutoires.

Article X.

Ne feront taxées ni prifes aucunes Epices pour Arrefts, Jugements, ou Sentences *rendues fur Requefte d'une Partie fans ouir l'autre* (1), tant en matiere Civile que Criminelle, à peine de concuſſion, & des dépens, dommages & intérefts contre celui qui aura fait la taxe; ſi ce n'eſt qu'en matiere criminelle il y ait *Procez-verbaux ou informations concernant le crime* (2), jointes à la Réqueſte.

1. *Rendue ſur Requête d'une partie ſans ouir l'autre.*] Cette difpofition eſt conforme à l'article 33 de l'Ordonnance de Rouſſillon, & à l'art. 20 de l'Ordonnance du mois de Janvier 1597. *Idem*, par l'Arrêt de la Cour du 10 Juillet 1688, rendu contre le Lieutenant Général de Melun; & par un autre Arrêt du 30 Juin 1689, rendu pour le Préſidial d'Angoulême, art. 46, rapporté par Henris, tome 2, page 132. Autre Arrêt du Conſeil, du 16 Mars 1705, rendu pour Autun, article 5, rapporté par Henris, *ibidem.*

Ainſi on ne peut prendre aucunes Epices pour des Sentences ou Arrêts de défenſes, & qui s'accordent ordinairement ſur la Requête d'une Partie, ſans entendre l'autre. (Arrêt de Réglement du 10 Juillet 1665, article 21. Ordonnance de 1670, titre 12, art. 8.)

A plus forte raiſon les Juges ne peuvent-ils prendre aucunes vacations pour de ſimples Requêtes par eux répondues. (Arrêt de Réglement du 3 Septembre 1667, rapporté au recueil tom. 1, p. 159. Autre du 10 Juillet 1688, rendu contre le Lieutenant Général de Melun.)

Ni pour taxer des Procès-verbaux de ventes de meubles, & autres ſalaires d'Huiſſiers. (Ordonnance de 1667, titre 33, art. 21. Arrêt du 10 Juillet 1688, rendu contre le Lieutenant Général de Melun.)

Ni pour parapher leurs exploits. (Ordonñance de 1667 , tit. 2 , art. 4 & 9.)

Ni pour mettre leur feing & paraphe fur les Actes. (Arrêt de Réglement du 10 Juillet 1665 , article 36.)

Il n'eft dû pareillement aucunes Epices pour les infinuations qui fe font au Greffe. (Arrêt du 10 Juillet 1683 , rendu contre le Lieutenant-Général de Melun.)

Ni pour réceptions d'Officiers. (Ordonnance d'Orléans , article 55. Ordonnance du mois de Janvier 1629 , art. 118. Code Henris , liv. 3 , tit. 8 , n. 14, & tit. 5 , n. 19. La Roche-Flavin , en fon Traité des Parlements de France , liv. 8 , ch. 17 , n. 8.)

Ni pour l'audition des Comptes de Villes. (Déclaration du mois de Juin 1559 , art. 6 , Ordonnance d'Orléans , art. 95. Arrêt du 29 Juillet 1628. Chopin , *lib. 2 de morib. Parif. tit.* 7 , n. 18. Papon en fon recueil d'Arrêts , liv. 6 , titre 12 , n. 5.)

Ni pour l'audition des Comptes des Hôpitaux. (Arrêt du 30 Abût 1702.)

2. *Des Procès-verbaux ou informations concernant le crime.*] *Idem ,* par l'article 131 de l'Ordonnance de Blois.

Néanmoins plufieurs Arrêts ont fait des défenfes aux Juges de prendre des Epices dans les Procès criminels lorfqu'ils ne font point inftruits par récolement ni confrontation , quand même il y auroit partie civile. (Arrêt du Parlement du 21 Août 1705. Autre du 12 Avril 1709 , pour Orléans. Autre du 8 Mai 1711 , pour Amiens. Autre du 28 Mai 1717 , pour S. Pierre-le-Moutier. Tous ces Arrêts font rapportés au Journal des Audiences.)

Article XI.

Deffendons à tous Officiers, mesme de nos Cours *d'assister à la distribution & numération des deniers* (1), provenants des biens décretez & licitez, & des déniers déposez, qui seront payez par les Receveurs des Consignations ou Greffiers, encore qu'ils eussent esté requis par les Parties d'y assister; ni de prendre ou recevoir pour raison de ce aucunes Epices ou Salaires.

1. *D'assister à la distribution & numération des deniers.*] V. l'article 163 de l'Ordonnance de Blois.

Article XII.

Ne seront taxées aucunes Epices *aux Substituts de nos Procureurs Généraux, sur les requestes* (1) de l'une des Parties sans ouir l'autre; déffauts, congez, & autres affaires, pour lesquelles nous avons deffendu aux Juges de prendre des Epices.

1. *Aux Substituts de nos Procureurs Généraux sur les Requêtes.*] Une Déclaration du 13 Mai 1704, leur permettoit de prendre des Epices pour les Jugements rendus par défaut, & le permettoit aussi aux Juges; mais ces Droits ont été supprimés par l'Edit du mois d'Août 1716.

Article XIII.

Nos advocats & Procureurs ès Bailliages , Sénéfchauffées , Sieges Préfidiaux & autres Siéges inférieurs , les
Advocats & Procureurs fifcaux des
Seigneurs , & les Promoteurs des Offi-
cialitez , ne pourront prendre aucuns
droits ni vacations pour leur rapport à
l'audience des Enqueftes , Informations
& *Conclufions par eux verbalement données* (1).

1. *Et Conclufions par eux verbalement données.*]
Idem , par Arrêt de la Cour du 23 Juin 1629 ,
rendu entre les Officiers du Préfidial de Guéret , article 5 , rapporté par Joli , tom. 2 , p.
1888 , & par Arrêt de Réglement du 3 Septembre 1667.

Article XIV.

Ne pourront auffi nos Advocats & Procureurs dans les Siéges inférieurs , prendre aucunes Epices *pour la fignature des
Sentences & Jugements par appointé* (1)
entre les Procureurs des Parties , fous
prétexte de noftre intéreft ou de celui
du public , de l'églife ou des Mineurs ,
à peine de fufpenfion de leurs charges.

1. *Pour la fignature des Sentences & Jugements
par appointé.*] V. ci-deffus , article 3 , page
174.

En général il n'eſt pas permis aux Avocats & Procureurs du Roi de prendre des Epices dans les cas où les Juges mêmes n'en peuvent prendre ; comme, par exemple, pour concluſions par eux données dans les Jugements de compétence, lors même qu'il y a partie civile. (Arrêt du 27 Mai 1619, rendu pour Poitiers, rapporté par Filleau, tome 1, partie 2, pag. 301.)

Ni pour élargiſſement de priſonniers. (Arrêt du 9 Mars 1575, rendu pour le Préſidial de Tou-louſe, art. 40, rapporté par Joli, tome 2, page 1024.

Ni pour les cauſes où le Roi eſt ſeul Par-tie, quand même ces cauſes ſeroient appoin-tées. (Arrêt de Réglement du 10 Juillet 1665, article 31.)

Ni pour les réceptions d'Officiers, Auditions de comptes des Villes & Hôpitaux, &c.

ARTICLE XV.

Ne ſeront pris aucuns droits *pour l'en-regiſtrement des concluſions.*

1. *Pour l'enregiſtrement des Concluſions.*] Les Avocats & Procureurs du Roi ne peuvent rece-voir aucune choſe des Parties, ni d'aucun de leur reſſort, pour leurs Concluſions ou autres expéditions quelconques, qui ne leur ſoit au-paravant taxée par le Préſident ou Lieutenant, puis donnée par les mains du Greffier. (Edit du mois de Novembre 1554, rapporté par Jo-li, tome 2, page 1088, articles 25, 26 & 27. Ordonnance d'Orléans, art. 43. Réglement du Conſeil, du 24 Mai 1603, rendu pour le Pré-ſidial de Bourg-en-Breſſe, article 63. Chenu en ſes Réglements, tome 1, titre 14, chapitre

84. Papon en fes Arrêts, livre 6, titre 12, note 2.)

Au refte, cela ne doit avoir lieu que dans les affaires de Jurifdiction volontaire & non contentieufe ; car quand il s'agit de conclufions données dans les Procès appointés, c'eft aux Avocats & Procureurs du Roi à les taxer, & cette taxe fe fait à la pluralité des voix. (Arrêt de Réglement du 15 Janvier 1658, rendu pour les Officiers du Parquet du Bailliage & Siege Préfidial d'Orléans. Autre du 6 Juillet 1706, fervant de Réglement entre l'Avocat & le Procureur du Roi au Bailliage de Gien, rapporté au Journal des Audiences, qui ajoute qu'en cas de partage entre l'Avocat & le Procureur du Roi, la voix du Procureur du Roi l'emportera.)

ARTICLE XVI.

Enjoignons à nos Cours de Parlements *& autres nos Cours* (1), en prononçant fur l'appel des Sentences des Juges inférieurs, *de réformer la taxe des Epices* (2), fi elle eft jugée exceffive ; encore mefme que de ce chef il n'y ait point d'appel ; *d'en ordonner la reftitution* (3) tant par le Rapporteur que par celui qui les aura taxées, *& d'y ufer de plus grande féverité* (4) & animadverfion, s'il y échet.

1. *Et autres nos Cours.*] Il en eft de même des Préfidiaux. Un Arrêt du Confeil du 21 Août 1684, fervant de Réglement pour les Préfidiaux du Languedoc, ordonne » que les

» reſtitutions d'Epices & autres droits auſquels
» les Officiers des Sénéchauſſées auront été
» condamnés par Arrêt du Parlement de Tou-
» louſe feront pourſuivis à la diligence du
» Procureur Général audit Parlement, pour
» enſuite être délivrées à ceux au profit deſ-
» quels elles auront été jugées. Et par ce même
» Arrêt S. M. ordonne qu'il en ſera uſé de mê-
» me par les Subſtituts dudit Procureur Gé-
» néral dans les Préſidiaux, lorſque les pre-
» miers Juges ou autres Officiers des Juſtices
» ſubalternes auront été condamnés en de ſem-
» blables reſtitutions par jugement Préſidial,
» & en dernier reſſort.

Le motif de cet Arrêt eſt, que la reſtitution
ordonnée par les Arrêts ne ſe faiſoit pas, tant
à cauſe que ceux au profit deſquels elle étoit
ordonnée n'oſoient en faire la demande, que
parcequ'ils ne pouvoient trouver aucune perſonne qui voulût ſe charger d'en faire la pour-
ſuite.

2. *De réformer la taxe des Epices.*] Cette diſpoſition eſt conforme à l'art. 128 de l'Ordonnance de Blois, & à l'Arrêt de Réglement du
10 Juillet 1665, art. 53.

3. *D'en ordonner la reſtitution.*] Tant ſur la
plainte des Parties, (Même Arrêt du 10 Juillet 1665, article 53,) que d'office ſur la pour-
ſuite de la partie publique. (V. la note 1 ſur cet
article 16.)

4. *Et d'y uſer de plus grande ſévérité, &c.*]
L'article 53 de l'Arrêt de Réglement du 10
Juillet 1665, qu'on vient de citer, » dit à pei-
» ne de concuſſion & de reſtitution du qua-
» druple, dont ſera délivré exécutoire contre
» le Juge par le Juge Royal ſupérieur, après
» avoir oui le Juge.

ARTICLE

ARTICLE XVII.

Voulons que tous Procez, tant Civils que Criminels, soient jugez *à l'ordinaire* (1) en toutes nos Cours, Siéges & Justices, même en celles des Seigneurs. Deffendons d'en juger par Commissaires, ni de commettre par les Juges aucuns d'entre eux, pour aux jours & heures extraordinaires faire les calculs, voir les titres, & arrester les dates & autres points & articles de fait.

1. *A l'ordinaire.*] C'est-à-dire, par les Juges aux Audiences ordinaires, ou dans les Séances indiquées pour les jugements des Procès par écrit, sans y vaquer extraordinairement par Commissaires.

ARTICLE XVIII.

N'entendons néantmoins rien innover à l'usage de nostre Parlement de Paris, pour la visite des Procez *par petits Commissaires* (1), qui ne se pourra faire pendant les heures d'Audience des Procez de l'ordinaire.

1. *Par petits Commissaires.*] Les petits Commissaires sont des Juges députés par la Cour en tel nombre qu'elle juge à propos, pour examiner les Procès qui demandent une longue visitation, & pour en réduire les questions sans les juger, mais seulement afin d'en faire ensuite leur rapport à la Chambre où le Procès est pendant.

I

ARTICLE XIX.

Ne pourront néàntmoins aucuns Procez eftre veus par petits Commiffaires aux Chambres des Enqueftes & de noftre Parlement de Paris, que le fait & l'état n'en *ayent efté fommairement rapportez* (1) toute la Chambre affemblée, & qu'il n'ait paffé des deux tiers des voix à les voir par petits Commiffaires.

1. *Ayent été fommairement rapportés.*] Cette difpofition eft conforme à l'Ordonnance du mois de Juillet 1493, article 11, & à celle du mois de Novembre 1507, article 70.

Depuis le préfent Edit du mois de Mars 1673, il y en a un autre du mois de Juin 1683, enregiftré en Parlement, le 2 Juillet de la même année, pour fervir de Réglement général, touchant les Procès de petits Commiffaires.

L'Article 1 de cet Edit, porte que » les pro-
» cès dans lefquels il y aura trois demandes &
» au - deffus, autres que celles qui regardent la
» procédure, & ceux dans lefquels il y aura fix
» actes & plus à examiner, comme des contrats
» de mariage, des partages, teftaments, aveux,
» & autres pieces confidérables, pourront être
» vus de petits Commiffaires.

L'Article 2 porte que » les inftances où il s'a-
» gira d'homologation de contrats entre les dé-
» biteurs & leurs créanciers, ou entre des créan-
» ciers feulement ; les appellations de faifies
» réelles, de congés d'adjuger ; les inftances ap-
» pointées à mettre, & les procès criminels ne
» pourront être vus par petits Commiffaires,
» fous quelque prétexte que ce puiffe être.

L'Article 3, que » les procès pendants en la

» Grand'Chambre de la Cour, qui devront être
» visités par petits Commissaires, seront portés
» chez le Premier Président, pour y être vûs
» aux jours & heures accoutumées, autres que
» celles de la tenue des Audiences; & qu'en cas
» qu'il n'y puisse vaquer, ou qu'il juge que
» lesdits procès ne puissent être visités en sa
» présence, ils seront renvoyés chez célui des
» autres Présidents de la Cour qui suivra selon
» l'ordre du tableau.

L'Article 4 que » les procès vûs par petits
» Commissaires chez le Premier, ou autre Pré-
» sident à son défaut, seront jugées par preférence
» à tout autre les matinées avant les heures
» prescrites pour l'ouverture des Audiences, &
» dans la semaine après qu'ils auront été visités,
» si faire se peut; que les Conseillers qui auront
» assisté à la visite desdits procès, seront tenus
» de se trouver lorsqu'on les jugera; & que les
» autres procès qui auront été vûs chez le second,
» ou autre Président, suivant l'ordre du tableau,
» lorsqu'ils ne l'auront pû être chez le Premier,
» seront rapportés & jugés les Mardis & Vendredis
» de relevée, aussi avant les heures d'Audience.

L'Article 5 veut que » les procès de la qualité
» ci-dessus exprimée, qui seront pendants aux
» Chambres des Enquêtes de la Cour, & qui au-
» ront été jugés devoir être vûs par petits Com-
» missaires, en la forme portée par l'art. XIX de
» l'Edit du mois de Mars 1673, seront visités & ju-
» gés en la maniere, & aux heures accoutumées.

L'Article 6 porte que » le dernier en recep-
» tion des Conseillers, tant de la Grand'Cham-
» bre, que de celles des Enquêtes, qui assistera
» à la visite des procès par petits Commissaires,
» écrira sur une feuille le jour auquel on travail-
» lera, les noms de ceux des Officiers qui y tra-
» vailleront, les noms & les qualités des Parties

I ij

» dont on aura vifité les procès en chacune féance
» de matinée & de relevée, les vacations que l'on
» y taxera, & le nombre des heures que l'on aura
» employées à cette vifite: que le Préfident vifera
» lefdites feuilles, & que les Greffiers de chaque
» Chambre retireront lefdites feuilles chaque
» jour que l'on aura travaillé à la vifite defdits
» procès, pour compofer chacun un regiftre, le-
» quel ils feront tenus de mettre tous les ans au
» Greffe à la fin de chaque féance de la Cour.

Et l'Article 7, que les Epices & les Vaca-
» tions des petits Commiffaires feront écrites
» féparément fur les minutes des Arrêts, & ne
» pourront être taxées qu'à proportion du temps
» que l'on y aura véritablement employé à les
» vifiter, dont S. M. charge l'honneur & la conf-
» cience de ceux qui préfideront.

Une Déclaration du Roi du 20 Février 1691,
permet encore aux Cours de vifiter par petits
Commiffaires, les procès dans lefquels il y aura
des appellations interjettées de faifies réelles, &
des demandes à fin d'homologation de Contrats
entre les débiteurs & les créanciers, lorfqu'il y
aura dans ces procès des demandes & des incidents
réglés par différents Réglements, lefquels ne
pourront être jugés fans être vifités de cette forte ; & déroge à cet égard à l'Edit du mois de Juin
1683.

ARTICLE XX.

Permettons à nos Cours feulement (1)
de Juger par Commiffaires (2) *les Procez*
ou inftances où il y a plus de cinq chefs
de demandes au fond, juftifiées par dif-
férents moyens, fans que les demandes
concernant la procédure puiffent eftre
comptées ; les Procez & Inftances d'or-

dre & de diftribution de deniers procédant de vente d'immeubles, & de con-
tribution d'effets mobiliaires entre des
Créanciers ; de liquidation de fruits ,
de dommages & intérefts, de débats de
comptes, d'oppofitions à fin de charges
& de diftraire, des taxes de dépens excé-
dants dix croix ; le tout, pourveu que ce
dont il fera queftion au Procez *excede
la fomme de mille livres* (3) : fans que
fous ce pretexte, l'on y puiffe comprendre les Appellations de fimples faifies
réelles d'immeubles, Criées , Congez
d'adjuger, Adjudications par décret ,
& des pourfuites & procédures d'un Décret ; Saifies d'effets mobiliaires , de
Sentences de condamnation de rendre
compte, de reftitution de fruits, & de
dommages & intérefts, & tous autres
en quelque cas que ce puiffe eftre ; nī
que nos Cours qui n'ont point accouf-
tumé de juger par Commiffaires, puiffent en introduire l'ufage. Et fera le contenu au préfent Article obfervé, à peine
de nullité des Jugements, reftitution d'E-
pices & Confignations, & des dommages & intérefts des Parties contre les
Juges, pour raifon defquelles leur permettons de fe pourvoir pardevers Nous.

1. *Permettons à nos Cours feulement.*] A l'égard
des Préfidiaux , ils ne peuvent juger par Com-

miſſaires : cela leur eſt expreſſément défendu par l'article 30 de l'Ordonnance de Rouſſillon, & par l'article 135 de l'Ordonnance de Blois ; qui réſulte d'ailleurs de cet article.

2. *De juger par Commiſſaires.*] Grands ou petits. Les Grands Commiſſaires ſont des Juges nommés par la Chambre où le Procès eſt pendant, pour juger au nombre requis par les Ordonnances, c'eſt-à-dire au nombre de dix. (V. Ordonnance de Moulins, article 68.) Les petits Commiſſaires ſont ceux dont il a été parlé en la note ſur l'article 18 ci deſſus, page 193.

3. *Excede la ſomme de mille livres.*] Quand les procès dont il eſt fait mention au commencement de cet article n'excedent pas cette ſomme, ils doivent être jugés à l'ordinaire.

ARTICLE XXI.

Pourront néantmoins les Officiers de nôtre Grand Conſeil ſeulement, continuer de voir par Commiſſaires, outre les cas mentionnez au précédent Article, les Procez & Inſtances pour raiſon des bornes & limites des terres & ſeigneuries, quand il y aura deſcente & figure ; Combat de fief, Blaſme d'aveu & dénombrement, Commiſe & Dépiez de Fief, Droits honorifiques entre Seigneurs prétendants Juſtice, Patronages Eccléſiaſtique ou Laïque entre Patrons, Dixmes entre Décimeurs ; *les Procez pour raiſon des Communes* (1), ou entre deux Seigneurs, ou entre un Seigneur & la Communauté ; ceux pour la Banalité contre la Communauté & le Seigneur, ou entre deux Seigneurs; ceux de Substitution, Retrait lignager, quand les degrez, lignes, & descentes seront contestées; & ceux concernants le domicile, en cas de Succession & Partage conjointement, sans qu'ils puissent juger par grands Commissaires aucuns autres Procez ni Instances, aux peines portées par l'Article précédent.

1. *Les Procès pour raison des Communes*] C'est-à-dire les Procès pour raison des droits & biens apartenants aux Villes, Bourgs & Paroisses.

Article XXII.

Abrogeons l'usage de juger par Commissaires *les Procez évoquez* (1), s'ils ne sont dans l'un des cas exprimez dans l'Article précédent.

1. *Les Procès évoqués.*] Voyez ci-dessus , article 2 , pag. 173.

Article XXIII.

Les exécutions des Arrests (1), incidents & suites des Procez qui auront esté veus & jugez par Commissaires, seront veus & jugez à l'ordinaire; si ce n'est que les exécutions, incidents & suites se trouvent estre de la qualité, & en l'un des cas exprimez par nostre présente Déclaration.

1. *Les exécutions des Arrêts.*] Voyez ci-dessus, art. 8, note 7 , N. 2, p. 183.

Article XXIV.

Il n'y aura pour chacune Vacation de Commiſſaires *que ſix écus d'Epices* (1). N'entendons néantmoins que ſous prétexte du préſent Article celles de nos Cours qui n'ont pas accouſtumé de prendre de ſi grandes ſommes, puiſſent les augmenter.

1. *Que ſix écus d'Epices.*] Les écus d'Epices ſont réglés à trois livres quatre ſols chacun. (Arrêt de Réglement du 10 Juillet 1665 , art. 1. V. auſſi *infrà*, art. 27 , pag. 202.)

Article XXV.

Deffendons de prendre *plus de trois Vacations par chacun jour* (1) depuis le premier Octobre juſques au dernier Février ; & plus de quatre depuis le premier Mars juſques au dernier Septembre ; & ſans qu'à l'occaſion du préſent Article, les Cours qui ont accouſtumé de ne faire qu'une Vacation en une apreſdiſnée, puiſſent les augmenter.

1. *Plus de trois Vacations par chacun jour.*] Il n'eſt pas permis aux Juges de cumuler enſemble pluſieurs Vacations, lorſqu'on peut rapporter pluſieurs Procès en une ſeule. (V. l'Ordonnance de 1667, tit. 21 , article 18.)

Article XXVI.

Ne pourront nos Cours quitter les Audiences, ni la Viſite & Jugement des Procez de l'ordinaire, pour travailler aux Procez des Commiffaires, *ni ès jours de Feftes & de Dimanches* (1), *ni ès maifons particulieres des Préfidents & Confeillers* (2).

1. *Ni ès jours de Fétes & de Dimanches.*] Car tous actes Judiciaires doivent ceffer pendant ces jours. (*L. 7. & L. ult. Cod. de Feriis.*) V. l'Ordonnance de Moulins, art. 69.

2. *Ni ès maifons particulieres des Préfidents & Confeillers.*] V. auffi l'article 69 de l'Ordonnance de Moulins.

Article XXVII.

Deffendons au Grand Prevoft de noftre Hoftel & à fes Lieutenants Généraux & Particuliers, de prendre pour la Vifite & Jugement des Procez, avec les Maiftres des Requeftes ordinaires de noftre Hoftel, Officiers de noftre Grand Confeil, ou autres Officiers ou Graduez, plus grande fomme que celle de dix-neuf livres quatre fols pour le Rapporteur, & trois livres quatre fols pour chacun des Juges, *pour chacune Vacation & Epices* (1).

1. *Pour chacune Vacation & Epices.*] V. ci-deffus, page 200, l'article 25 avec la note.

Article XXVIII.

Les Advocats (1) feront tenus de mettre au pied de leurs Ecritures le reçeu de leurs falaires, à peine de reftitution & de rejet de la taxe de dépens.

Iv

1. *Les Avocats.*] Même ceux des Cours ; ce qui eſt auſſi établi par l'art. 10 du tit. 31 de l'Ordonnance de 1667. Néanmoins ceux du Parlement de Paris ſe ſont toujours maintenus dans l'uſage de ne point mettre le reçu au bas de leurs Ecritures. V. le Procès-verbal des Conférences du mois d'Avril 1667, page 377.

ARTICLE XXIX.

Les Clercs ou Commis des Préſidents, Maiſtres des Requeſtes, Conſeillers, de nos Advocats & Procureurs Généraux & de leurs Subſtituts, & des Greffiers & Advocats, ne pourront prendre & recevoir plus grands droits *que ceux qui paſſent en taxe aux Parties* (1) *encore qu'ils leur fuſſent volontairement offerts* (2), à peine d'exaction, qui pourra eſtre prouvée par la dépoſition de ſix témoins, quoiqu'intéreſſez, *& qu'ils dépoſent de faits ſinguliers* (3).

1. *Que ceux qui paſſent en taxe aux Parties.*] *Idem*, par l'Ordonnance de 1531, chapitre 7, article 27, & par l'article 191 de l'Ordonnance du mois de Juin 1629.

Ces droits ſont fixés par l'Arrêt du 26 Août 1665, qui regle la taxe des frais & dépens pour le Parlement de Paris & les Juriſdictions qui y reſſortiſſent, & par d'autres réglements poſtérieurs rendus pour les différents Siéges.

Un Arrêt du Parlement du 12 Août 1751, rendu pour Civrai, ordonne la radiation d'une ſomme de 53 liv. employée dans les Epices pour un droit appellé *Droit de Secrétaire.*

L'article 15 de Réglement du 10 Juillet 1665,

forte qu'on ne pourra prendre & lever , outre les
Epices , aucuns deniers pour les Clercs ou Commis , pour augmentation d'Epices ou pour autres
droits , desquels les Juges demeureront respon-
fables , & à peine d'amende contre ceux qui les
auront perçus.

Le tarif qui se trouve en la suite de l'article 22 du titre des Dépens du Réglement du
Conseil du 28 Juin 1738 , fixe les droits qui
doivent être taxés par les Clercs des Rapporteurs des Procès , qui se jugent au Conseil de
S. M. (V. le recueil, tom. 3 , pag. 553.)

2. *Encore qu'ils leur fussent volontairement
offerts.*] *Idem* , par l'art. 80 du Réglement du
3 Janv. 1673 , fait pour le Conseil de Sa Majesté.

Un Arrêt de Réglement rendu au Parlement
de Toulouse le 13 Juillet 1739 , défend à tous
Suisses , Portiers , Laquais & autres Domestiques
des Officiers du Parlement , d'exiger & prendre
de l'argent ou autres présents des parties , & de
tous récipiendaires , quand même il leur seroit
volontairement offert , à peine d'être mis en
prison & aux fers pendant quinzaine , pour la
premiere fois , & & du fouet en cas de récidive.
(V. le recueil , tome 3 , pag. 583.) Il seroit à
souhaiter qu'un Réglement aussi sage fût adopté
dans les autres Provinces du Royaume.

Et qu'ils déposent de faits singuliers.] Cette
disposition est établie à cause de la difficulté
qu'il y a d'avoir ces sortes de preuves. (V. l'article
37 du titre 13 de l'Ordonnance de 1670.)

ARTICLE XXX.

Deffendons aux Lieutenants Généraux
des Baillifs, Seneschaux , & autres Juges Commis par nos Ordonnances , pour
parapher les feuilles des Registres des

Baptefmes, Mariages & Mortuaires, de prendre ni recevoir aucuns droits ni falaires pour leur paraphe, que Nous leur enjoignons *de faire gratuitement* (1), à peine de concuffion.

1. *De faire gratuitement, &c.*) La Déclaration du 9 Avril 1736, a dérogé à cette difpofition. L'Article 18 de cette Déclaration attribue aux Lieutenants-Généraux & autres Juges cinq fols pour ces fortes de paraphes. (V. le recueil, tome 3, page 457.)

Si donnons en mandement à nos amez & féaux les Gens tenans nos Cours de Parlements, Chambres des Comptes, Cours des Aydes, Baillifs, Sénéchaux, & tous autres nos Officiers; que ces préfentes ils gardent, obfervent & entretiennent, faffent garder, obferver & entretenir, & pour les rendre notoires à nos Sujets, les faffent lire, publier & enregiftrer. CAR tel eft notre plaifir. Et afin que ce foit chofe ferme & ftable à toujours, Nous y avons fait mettre nôtre Scel. Donné à Verfailles, au mois de Mars l'an de grace mil fix cens foixante-treize; Et de notre Regne le trentieme. Signé, LOUIS: Et plus bas, Par le Roi, COLBERT. Et à côté eft écrit, *Vifa*, DALIGRE. Et fcellé du grand Sceau de cire verte fur lacs de foie rouge & verte. Et fur le repli eft écrit :

Leu, publié & regiftré, ouy & ce requérant le Procureur Général au Roi, pour être exécuté felon fa forme & teneur. A Paris en Parlement, le Roi y féant en fon Lit de Juftice, le vingt-troifieme Mars mil fix cens foixante treize.

Signé, DU TILLET.

TABLE
DES MATIERES

Contenues dans l'Ordonnance du du mois d'Août 1669, & dans l'Edit touchant les Epices du mois de Mars 1673.

A

Académie Françoise.

Committimus.

Concours de Priviléges.

Quelles regles on doit fuivre à cet égard, 94 & 95

Conflit de Jurifdiction.

Confervateurs.

Contention de Jurifdiction.

Voyez *Conflit.*

Coobligés.

Courtiers.

Coutume.

Créanciers.

Criées.

Curateurs.

Tuteurs & Curateurs ne peuvent fe fervir de *Committimus* pour les affaires de ceux qui font fous leur charge, 125

S'ils peuvent fe fervir des Lettres d'Etat obtenues en leur nom pour les affaires de leurs mineurs, 131

D

Date.

DAtes des ceffions & tranfports, 116 & 117

Voyez *Tranfports.*

Décès.

Le Décès d'un Officier fait ceffer l'évocation qui étoit demandée de fon chef, 17

Déclinatoires.

La partie déboutée du déclinatoire en Réglement de Juges par elle propofé en la Jurifdiction qu'elle prétend incompétente, où doit-elle fe pourvoir, 71

Ce que doivent contenir les Lettres ou Arrêts obtenus fur déclinatoires, 72

Procès fur ces déclinatoires, en quelle forme doivent être inftruits au Confeil, *ibid.*

Accufés déboutés des déclinatoires par eux propofés, comment fe pourvoiront en Réglement de Juges, 78

Il n'eft dû épices pour déclinatoires & renvois, 181

Décrets.

Décrets & ordres ne peuvent être évoqués pour caufe de parenté, 20

Défendeur.

Défendeur en évocation à quoi eft tenu, 28

Degrés.

Degrés de parenté requis pour les évocations. Voyez *Parenté.*

Délai.

Démission.

Deniers publics.

Dépôt.

Désistement.

Dimanches.

Distraction de Jurisdiction.

Domaine.

Droits.

Ni

K

Evoquant.

F

Fait.

Fait propre de l'Officier. Voy. *Evocation.*

Femmes.

Lecteurs.

Lettres de Committimus.

Voyez *Committimus*.

Lettres d'Etat.

Lettres d'évocation.

Procureurs.

Promoteurs.

Provifion.

T.

Table de Marbre.

Taxe.

Transports.

Tréforiers de France.

Tuteurs.

V.

Vacations.

Ventes.

Veuves.

Visite.

Université.

Fin de la Table des Matieres.

9 782019 980429